Anne Terzibaschitsch

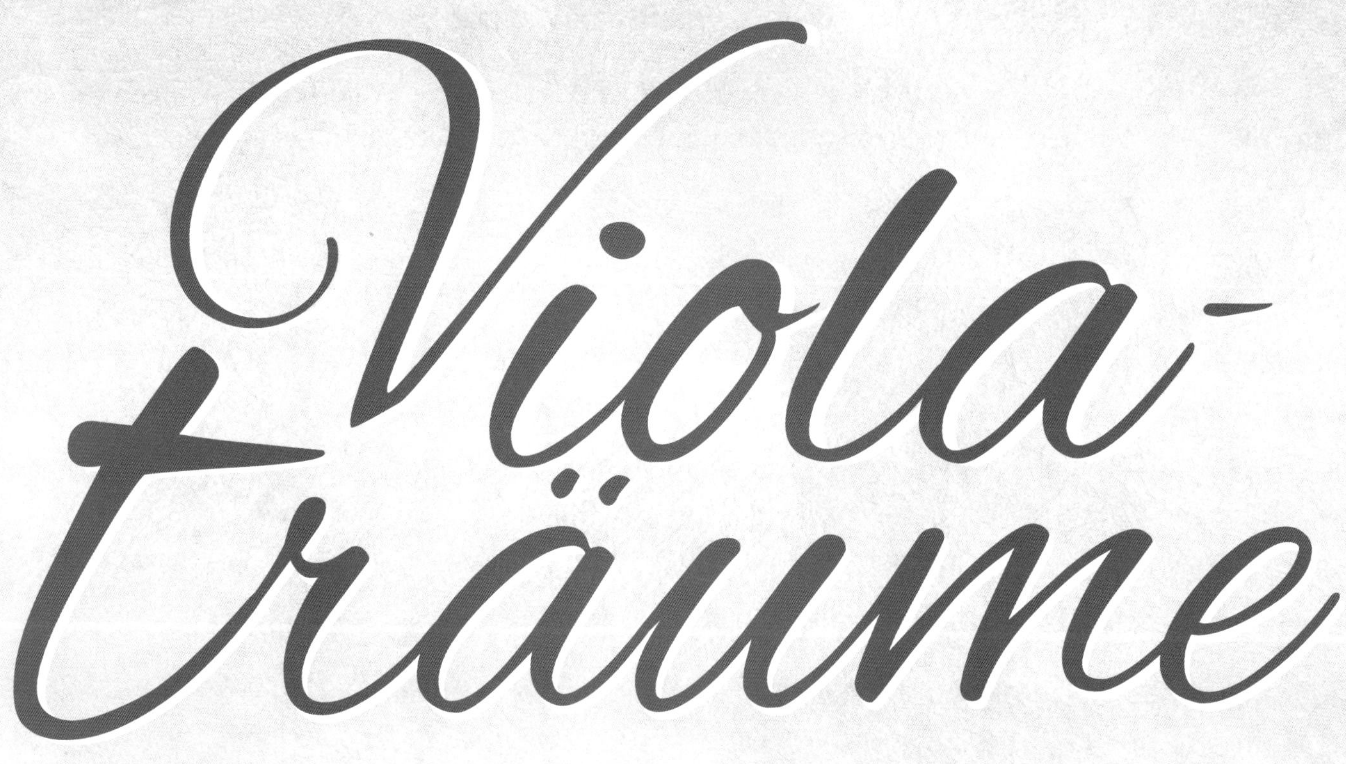

Violaträume

25 leichte Stücke für Viola (1. Lage)
und Klavier

Anne Terzibaschitsch wurde am 5. August 1955 in Essen geboren. Den ersten Klavierunterricht erhielt sie im Alter von fünf, Geigen- und Cellounterricht im Alter von zehn und zwölf Jahren.

Von 1975–1983 absolvierte sie ihr Klavierstudium an der Staatlichen Hochschule für Musik in Karlsruhe. Sie ist seit vielen Jahren freiberuflich als Pianistin und Klavierpädagogin tätig.

Im Rahmen ihrer pädagogischen Arbeit komponierte und arrangierte Anne Terzibaschitsch zahlreiche Stücke für Klavier. Diese sind in mehreren Bänden im Musikverlag Holzschuh erschienen.

Anne Terzibaschitsch was born in Essen, Germany, on 5 August 1955. She received her first piano lessons at the age of five, and her first violin and cello lessons at the ages of ten and twelve respectively.

She attended the University of Music Karlsruhe, Germany, from 1975 to 1983 and graduated in piano. For many years she has been working as a freelance pianist and piano teacher.

During her time as a teacher, Anne Terzibaschitsch has composed and arranged numerous pieces for piano, which have been published in several volumes by Musikverlag Holzschuh.

Impressum

VHR 3428 / ISMN 979-0-2013-0871-5 / ISBN 978-3-86434-025-3

Umschlag: Rauchbauer & Partner Werbeagentur GmbH, Gaimersheim

Notensatz: Regina Krauß, Speyer

www.holzschuh- verlag.de

Inhalt

Vorwort

Der vorliegende Band enthält 25 Stücke für Viola und Klavier. Alle Stücke können in der ersten Lage gespielt werden und sind für den Anfangsunterricht geeignet. In ihnen wird die Gefühlswelt von Kindern und Erwachsenen gleichermaßen angesprochen. Dadurch besteht die Möglichkeit, dass Spielerinnen und Spieler verschiedener Altersstufen durch die Freude an der Musik zum gemeinsamen Musizieren finden.

Der Klavierpart ist leicht gesetzt. Er kann auch von jüngeren Schülerinnen und Schülern ab dem zweiten bis dritten Unterrichtsjahr am Klavier übernommen werden.

Allen Spielerinnen und Spielern wünsche ich viel Freude beim gemeinsamen Musizieren.

Karlsruhe 2013 — Anne Terzibaschitsch

Ohne Sorge

Andante

A. Terzibaschitsch

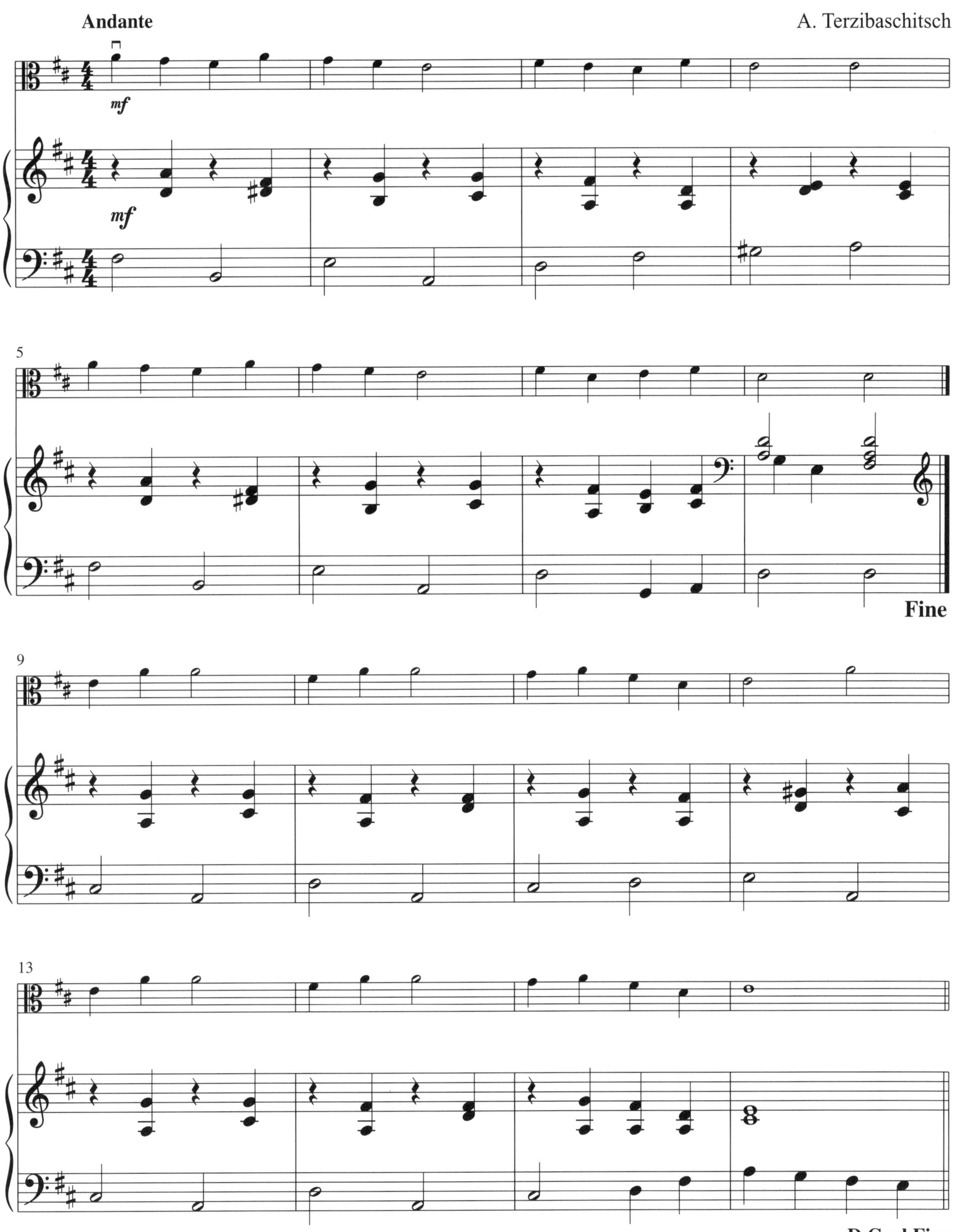

Erster Walzer

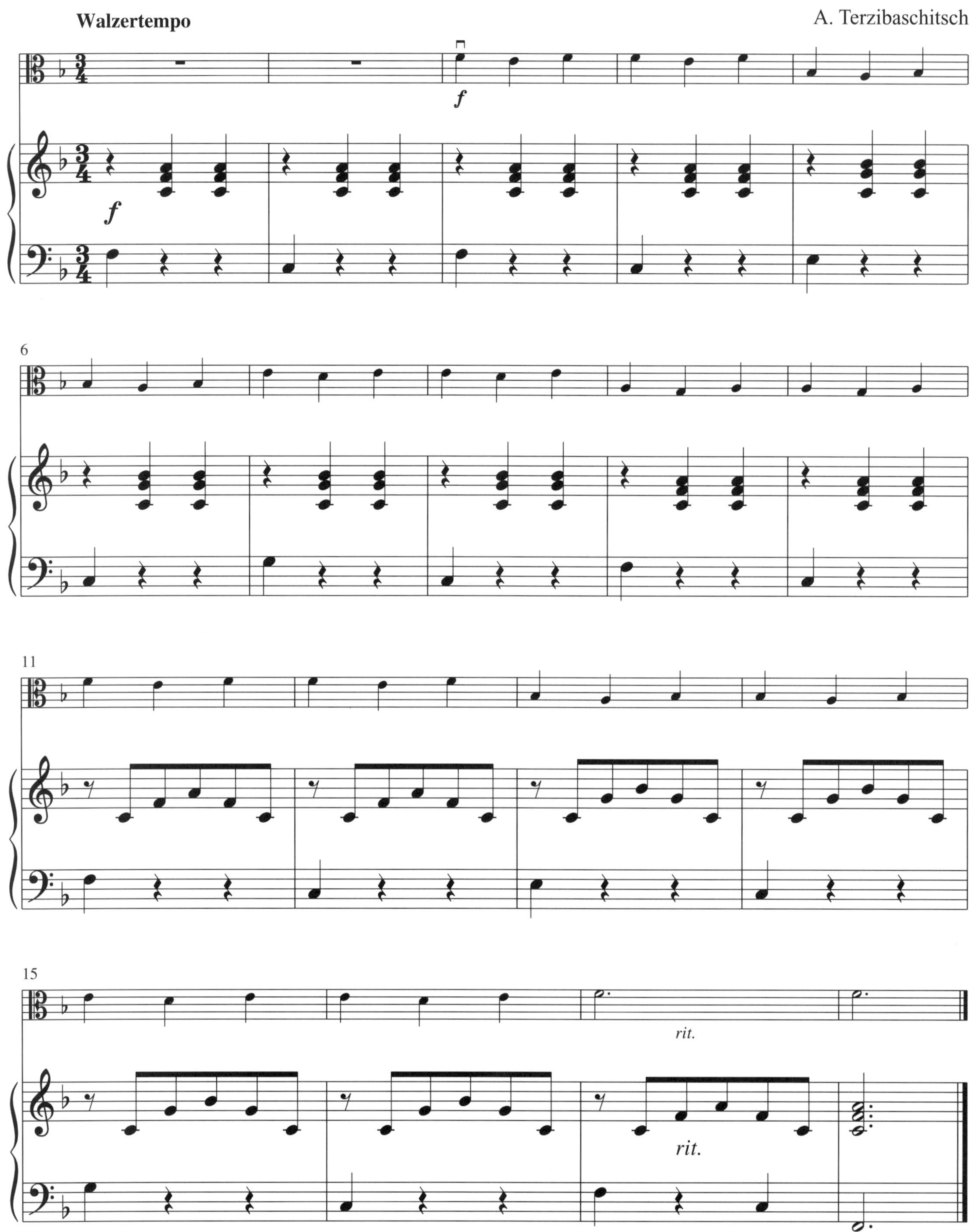

Ein schwerer Entschluss

A. Terzibaschitsch

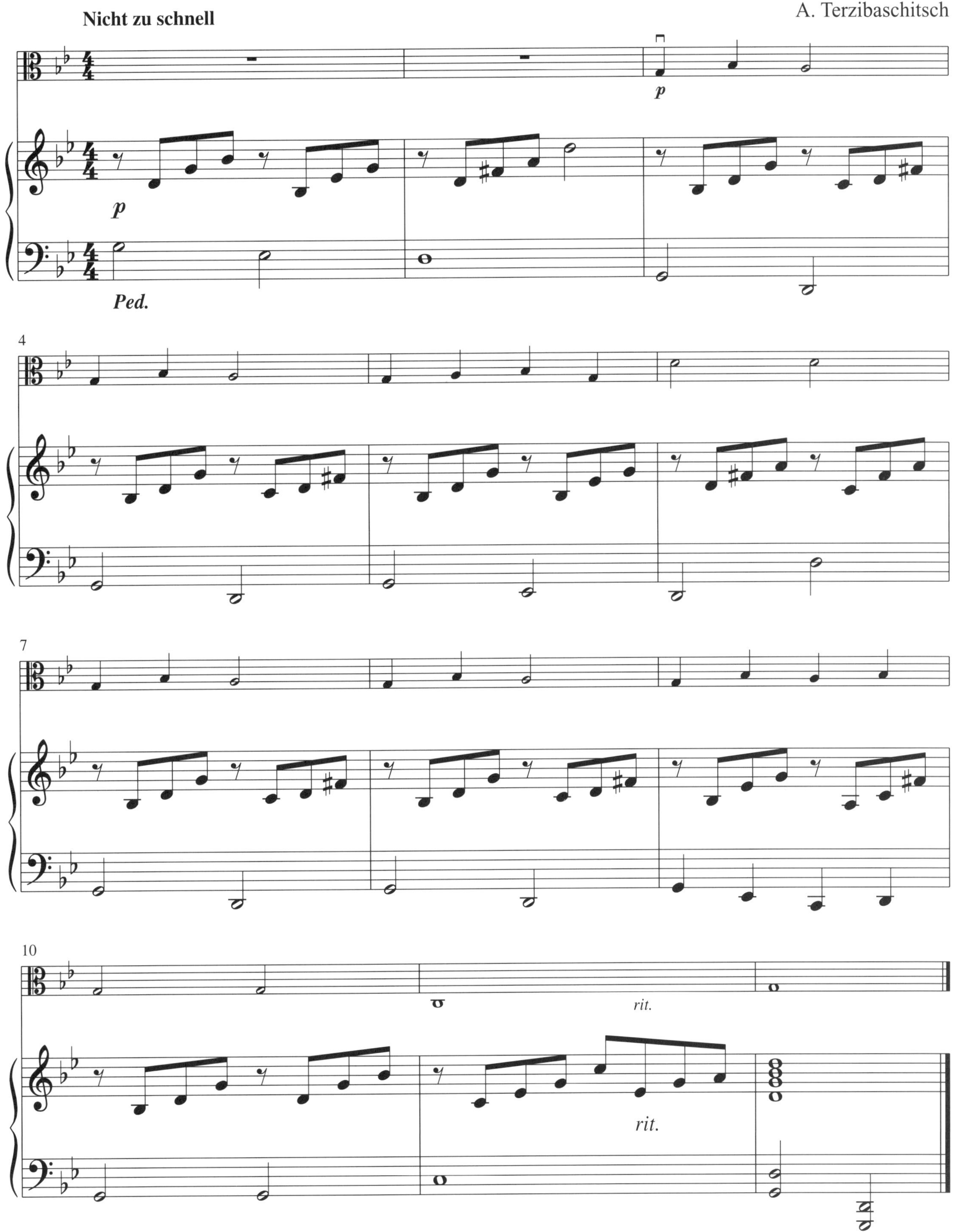

Russisches Lied

Andante

A. Terzibaschitsch

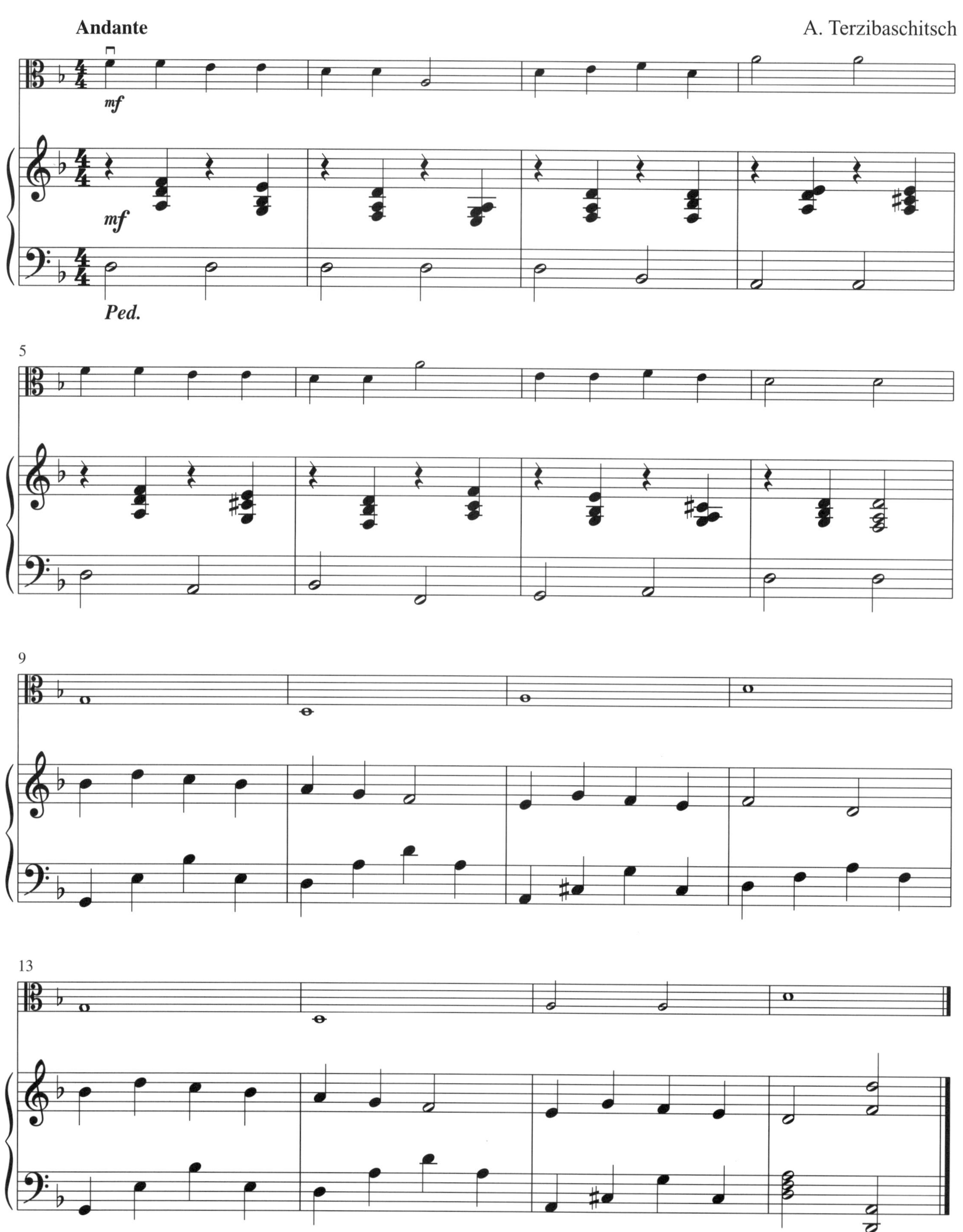

Fröhlich und traurig

Allegretto

A. Terzibaschitsch

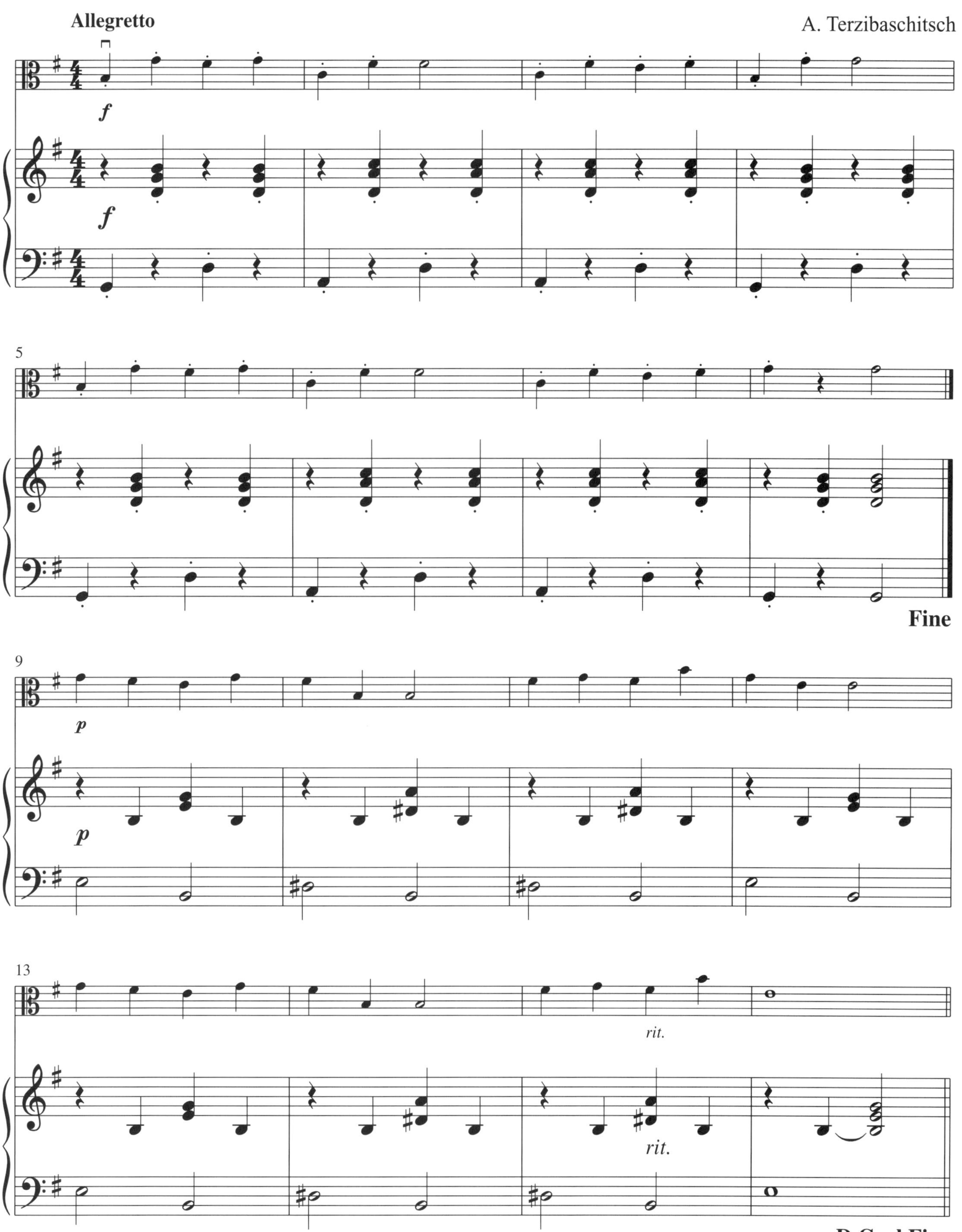

Der Kuckuck

A. Terzibaschitsch

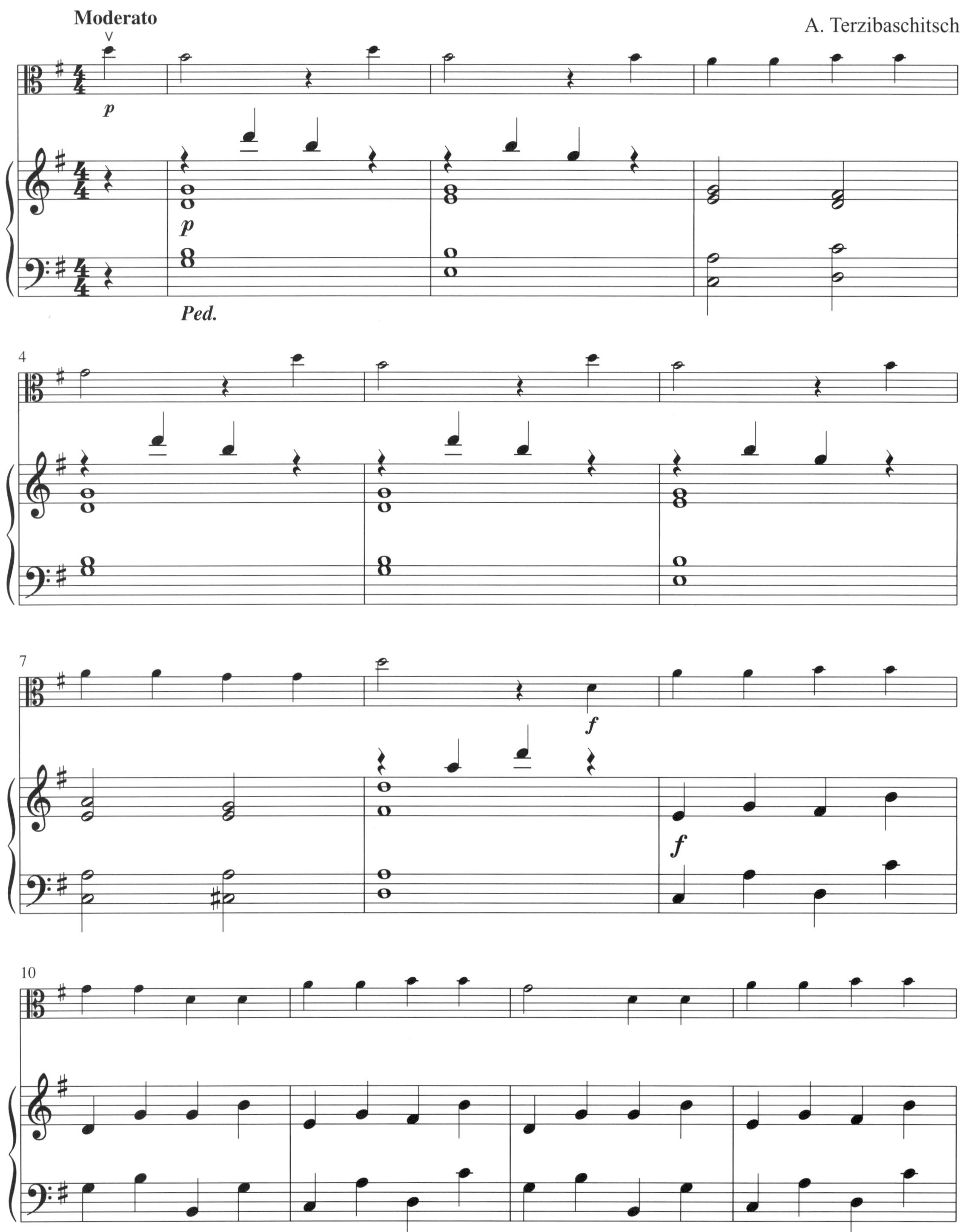

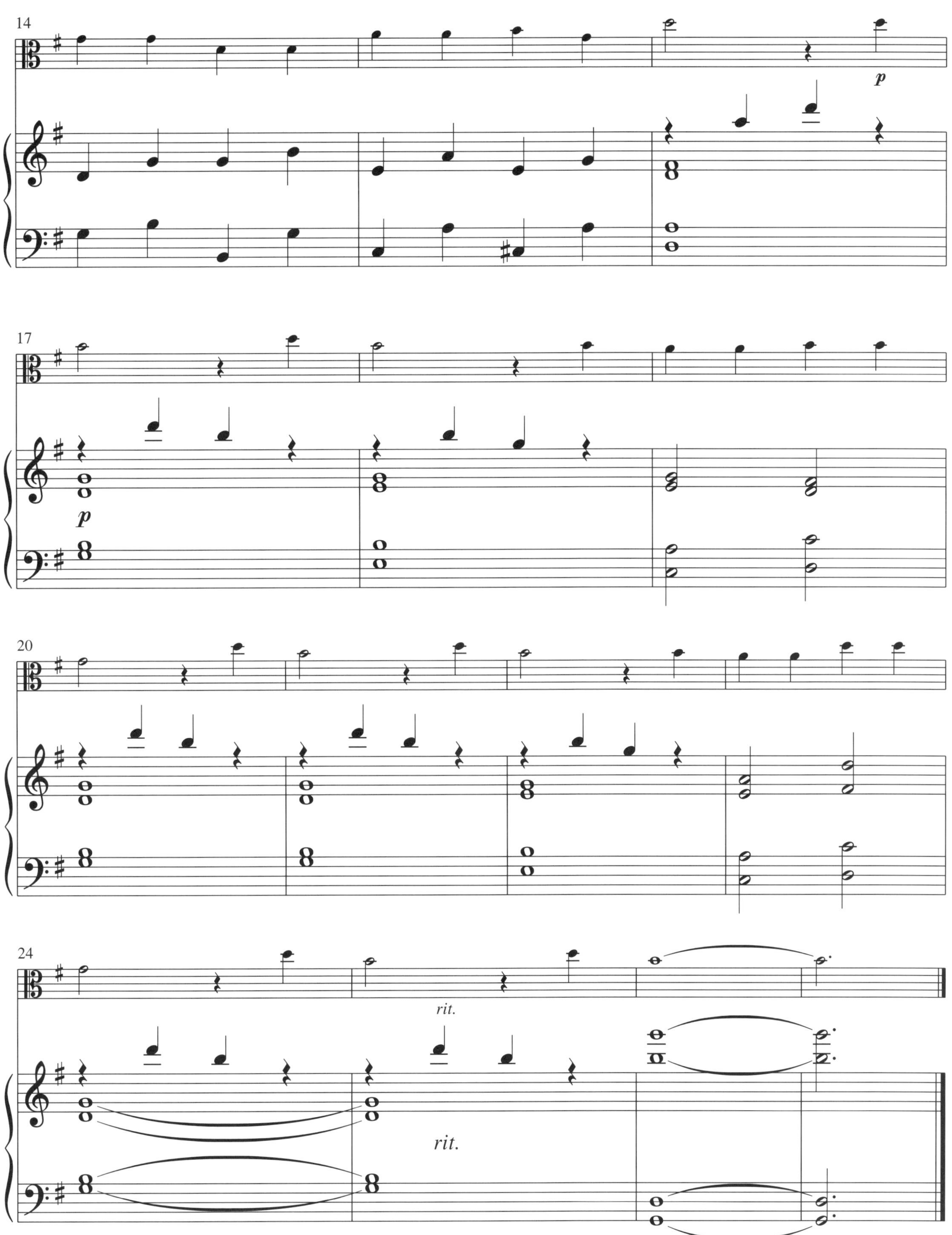
14
p
17
p
20
24
rit.
rit.

Wiegenlied

A. Terzibaschitsch

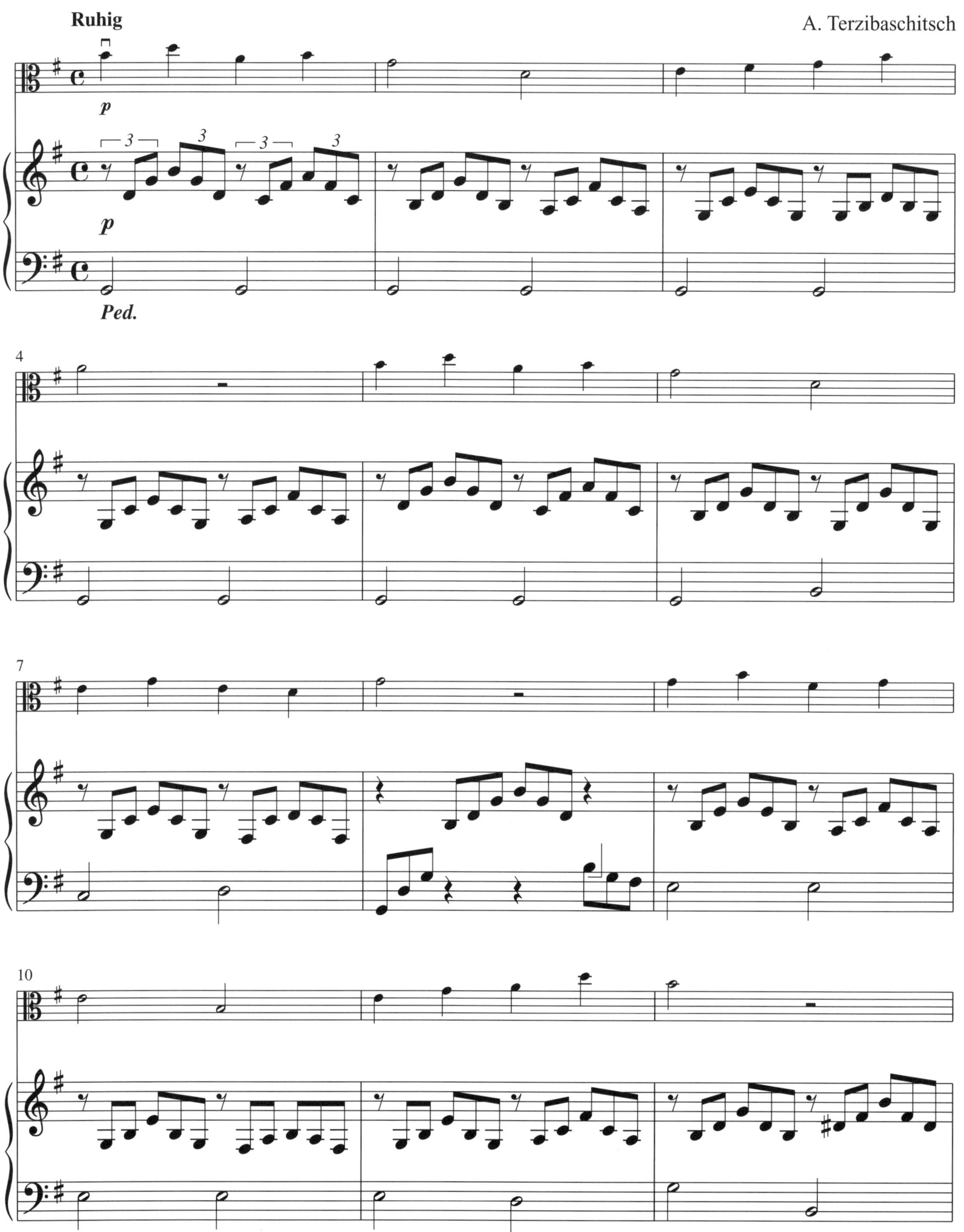

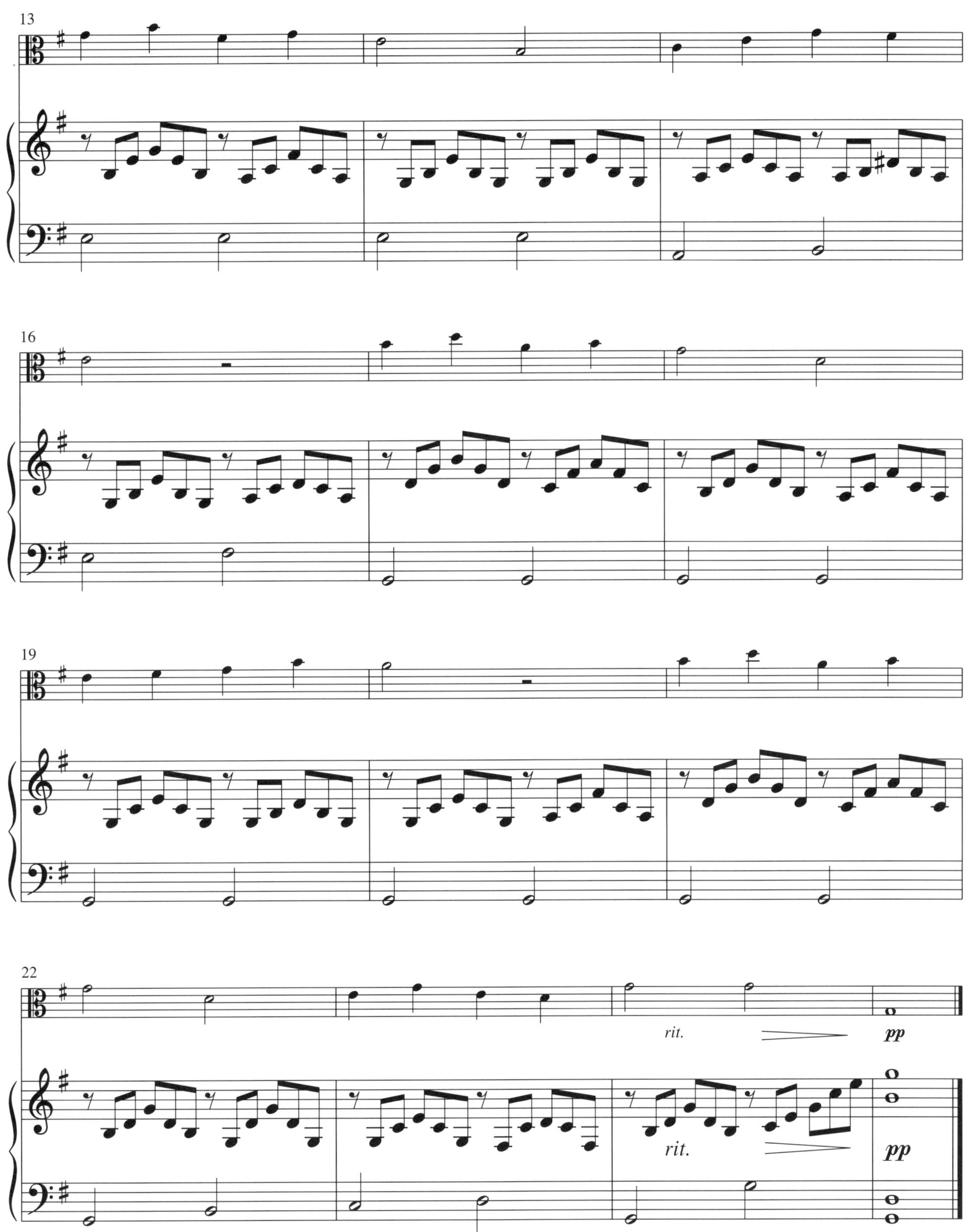
13
16
19
22
rit.
pp
rit.
pp

Zug der Zwerge

A. Terzibaschitsch

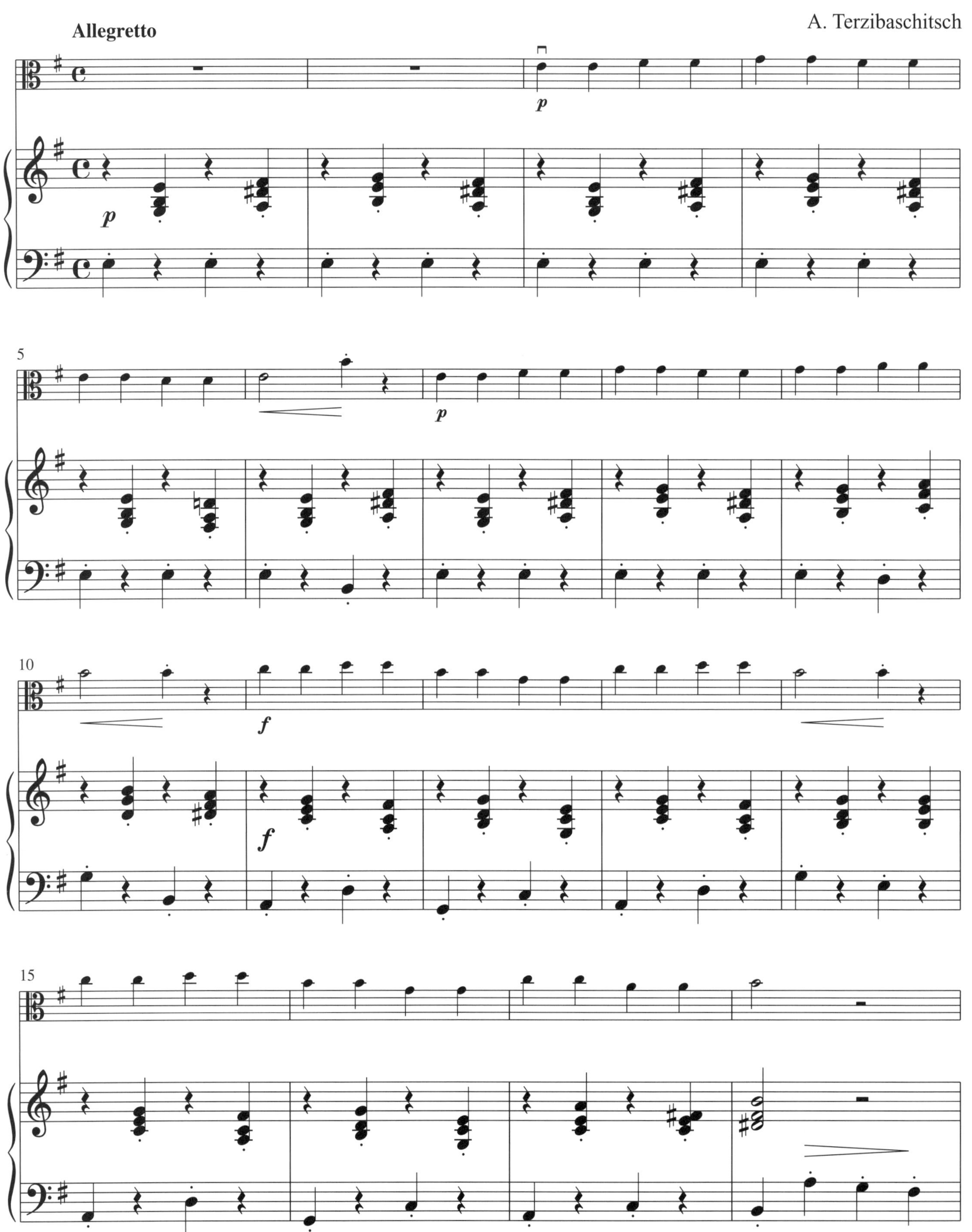

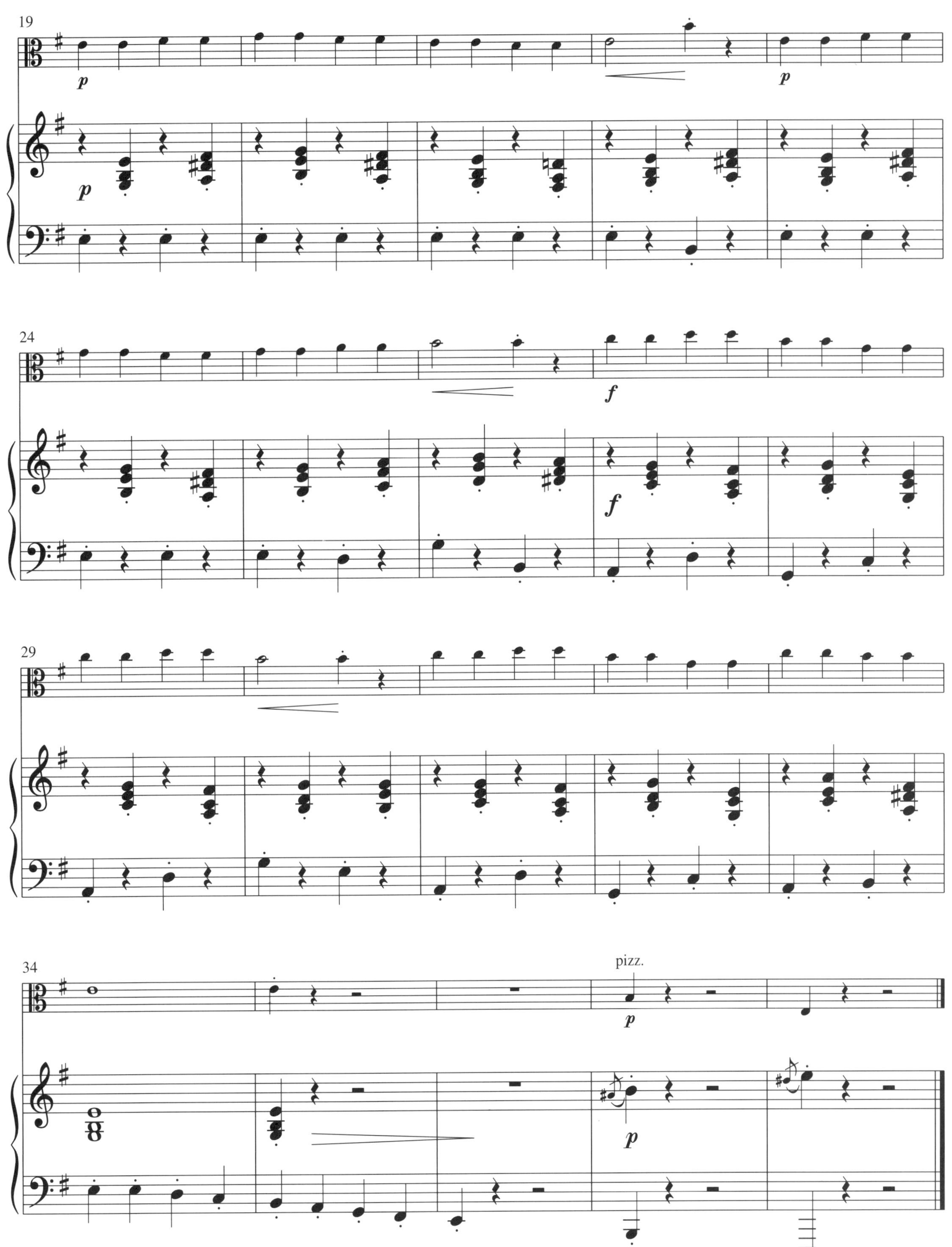
19
p
p
p
24
f
f
29
34
pizz.
p
p

Lebewohl

A. Terzibaschitsch

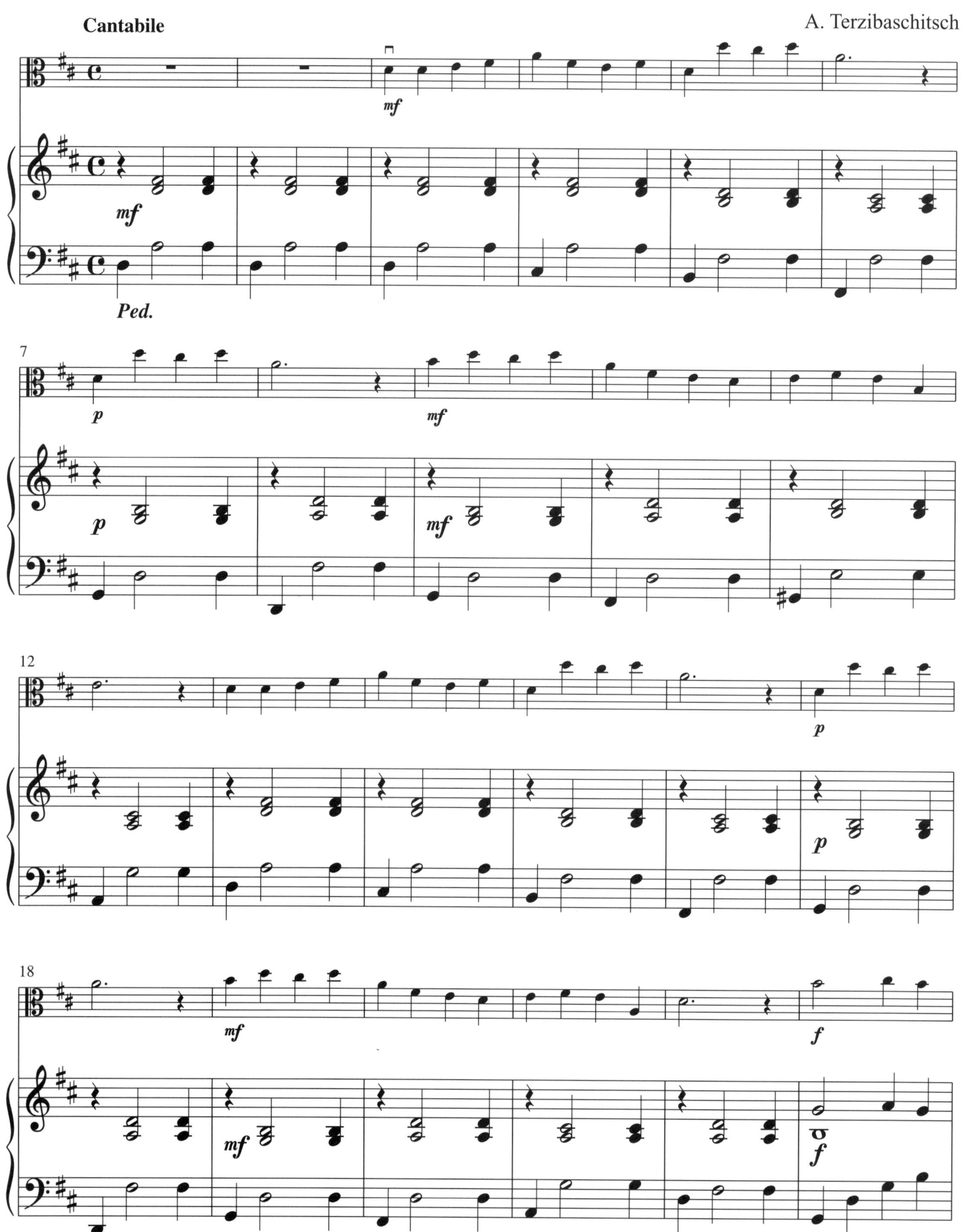

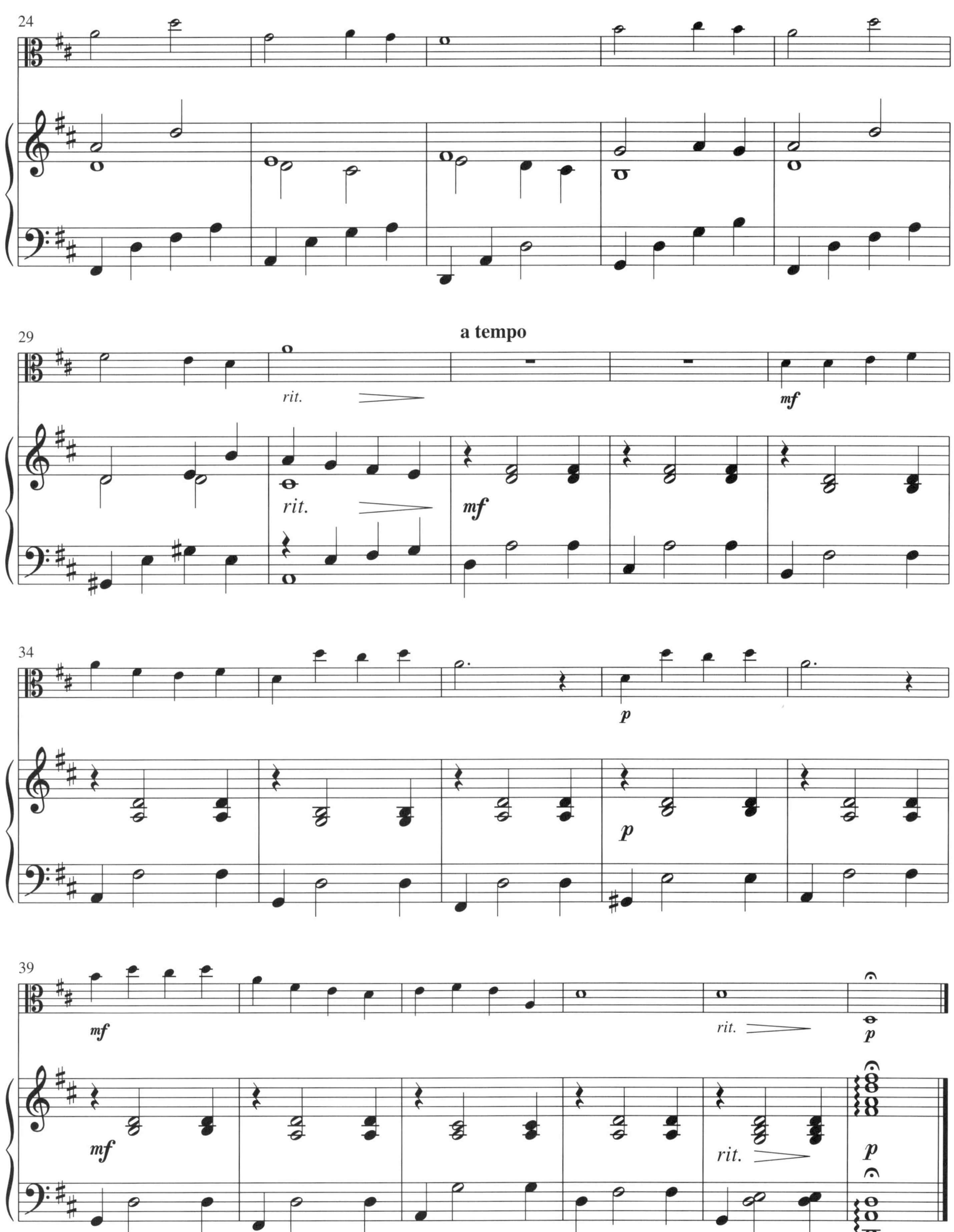
24
29
a tempo
rit.
rit.
mf
mf
34
p
p
39
mf
mf
rit.
rit.
p
p

Old MacDonald Had A Farm

traditional
Satz: A. Terzibaschitsch

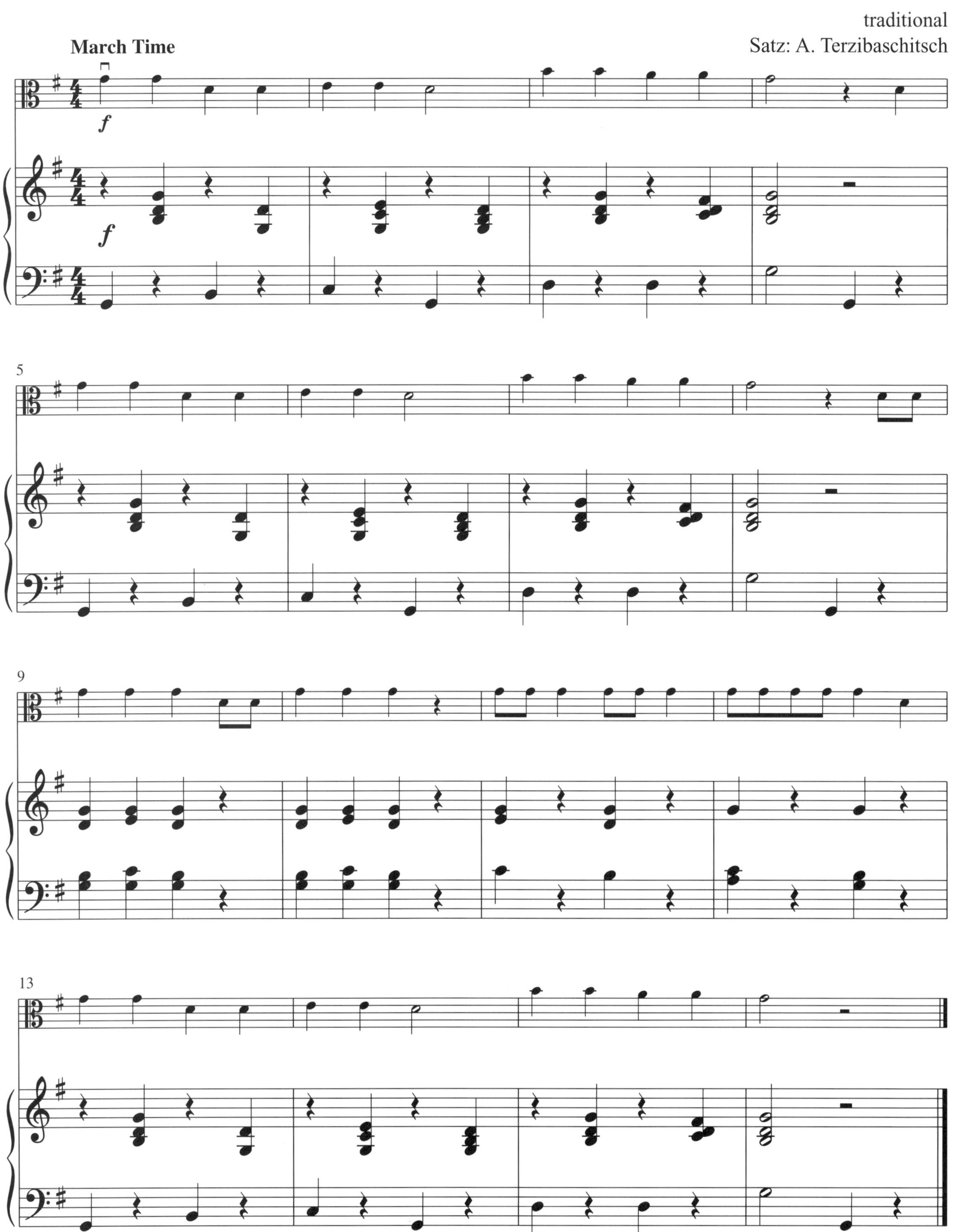

Bruder Jakob

Kanon

aus Frankreich
Satz: A. Terzibaschitsch

Cantabile

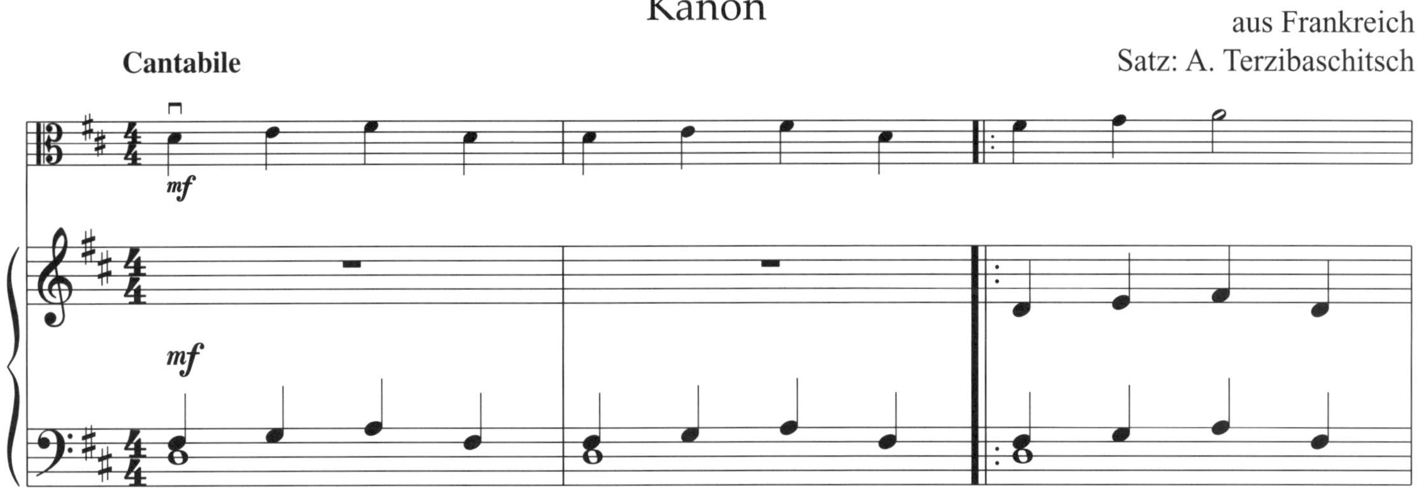

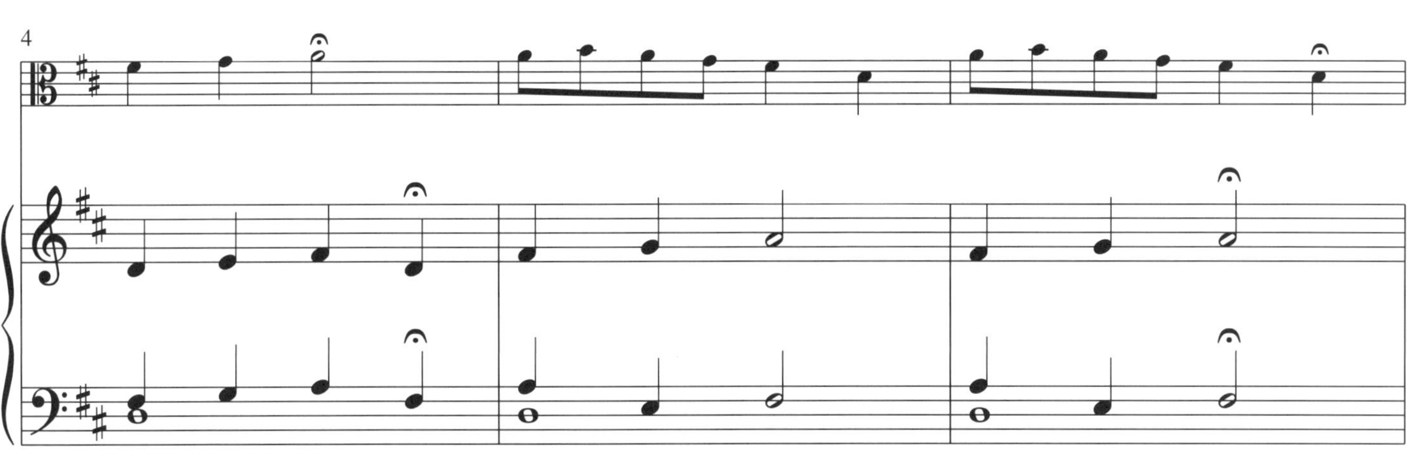

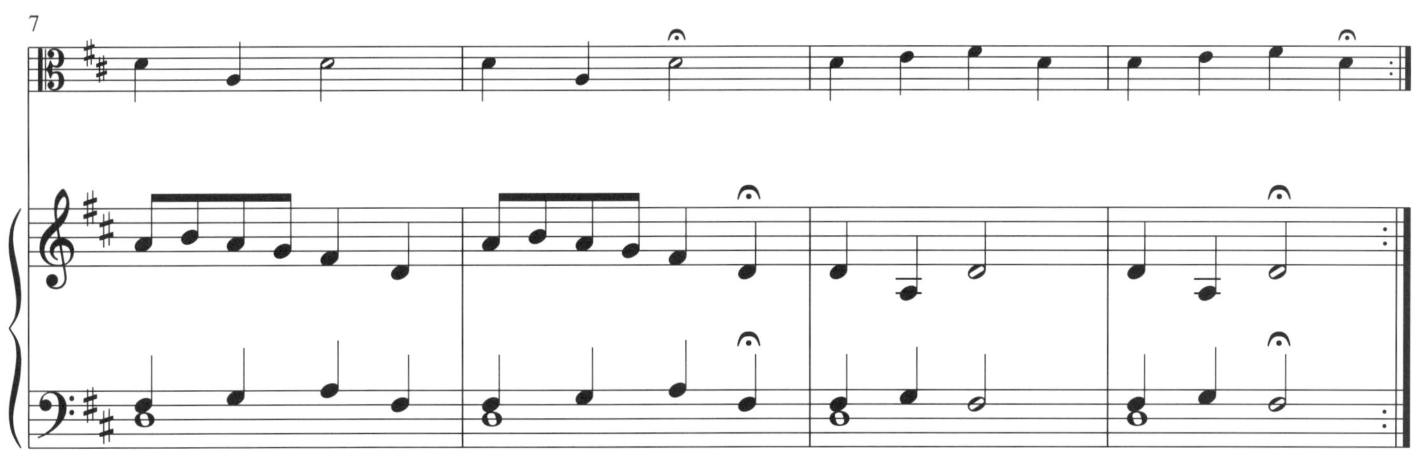

Ich hatte einen Traum

A. Terzibaschitsch

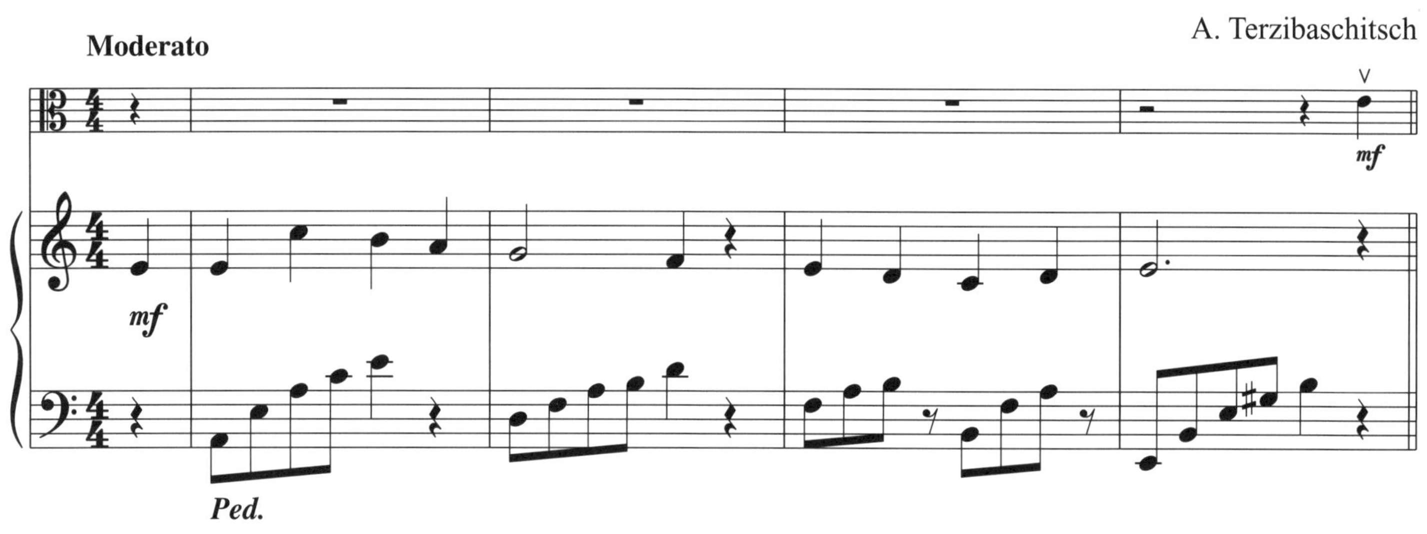

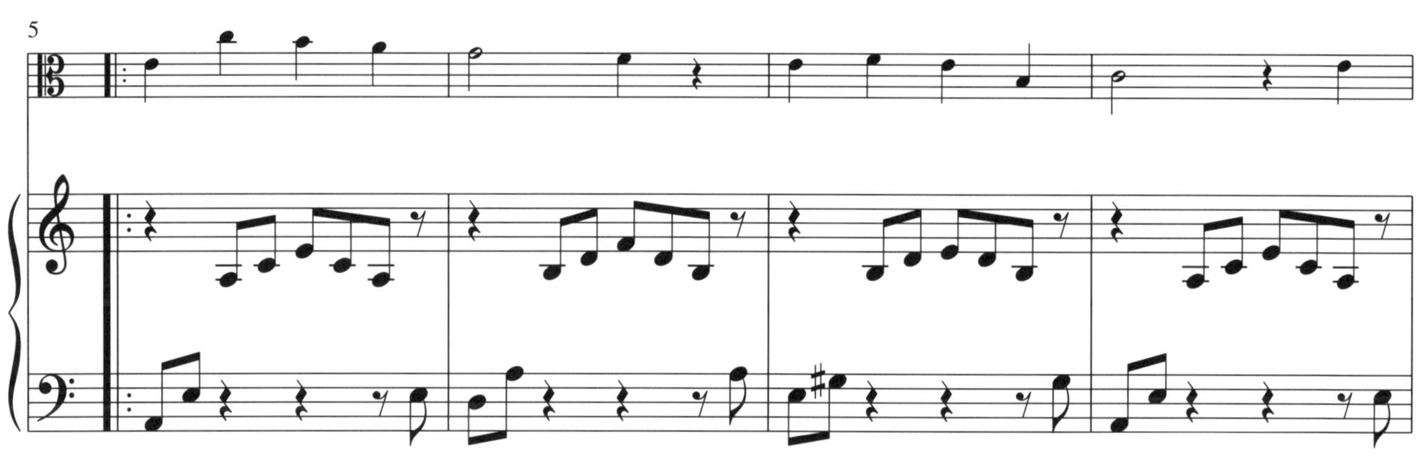

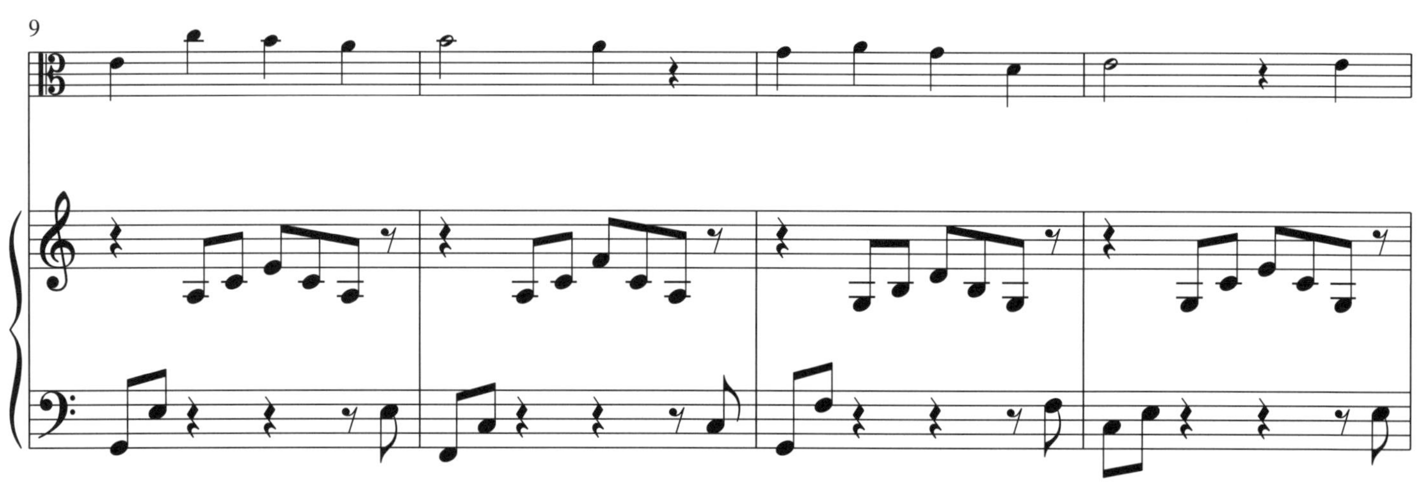

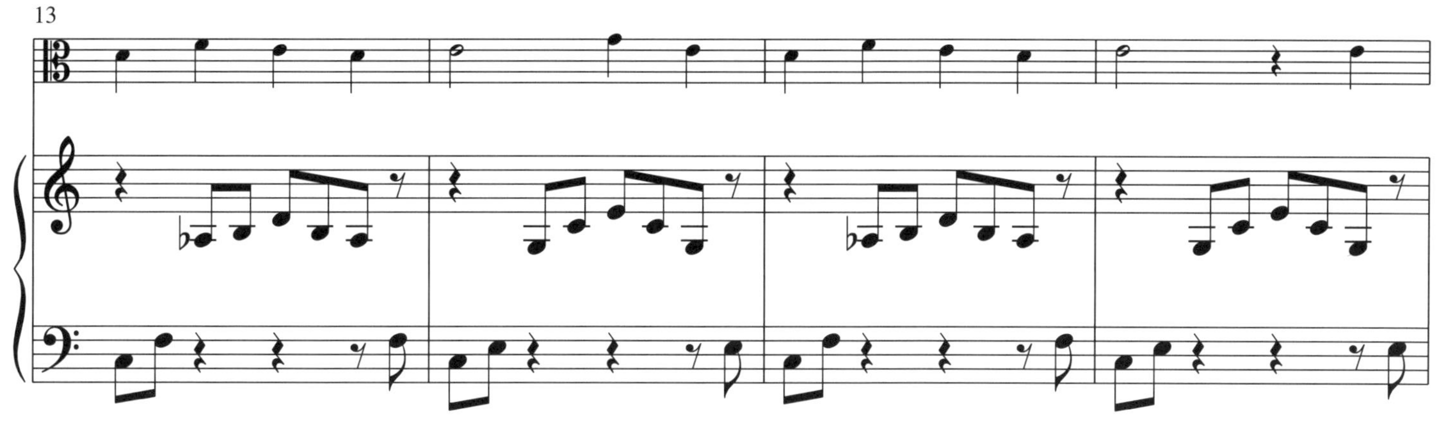
13

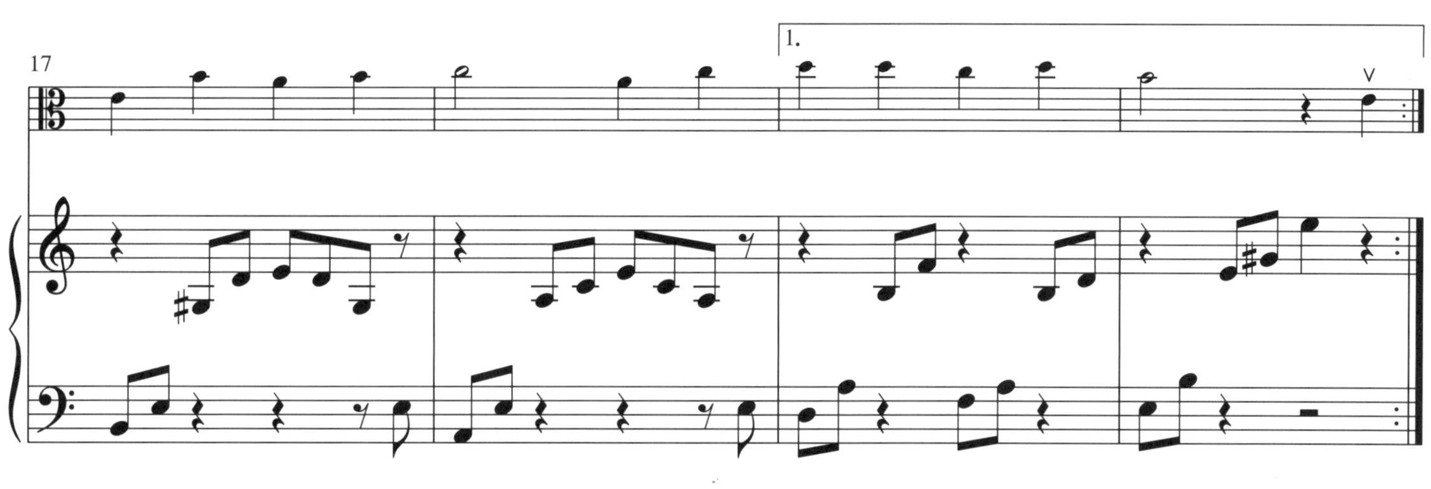
17
1.

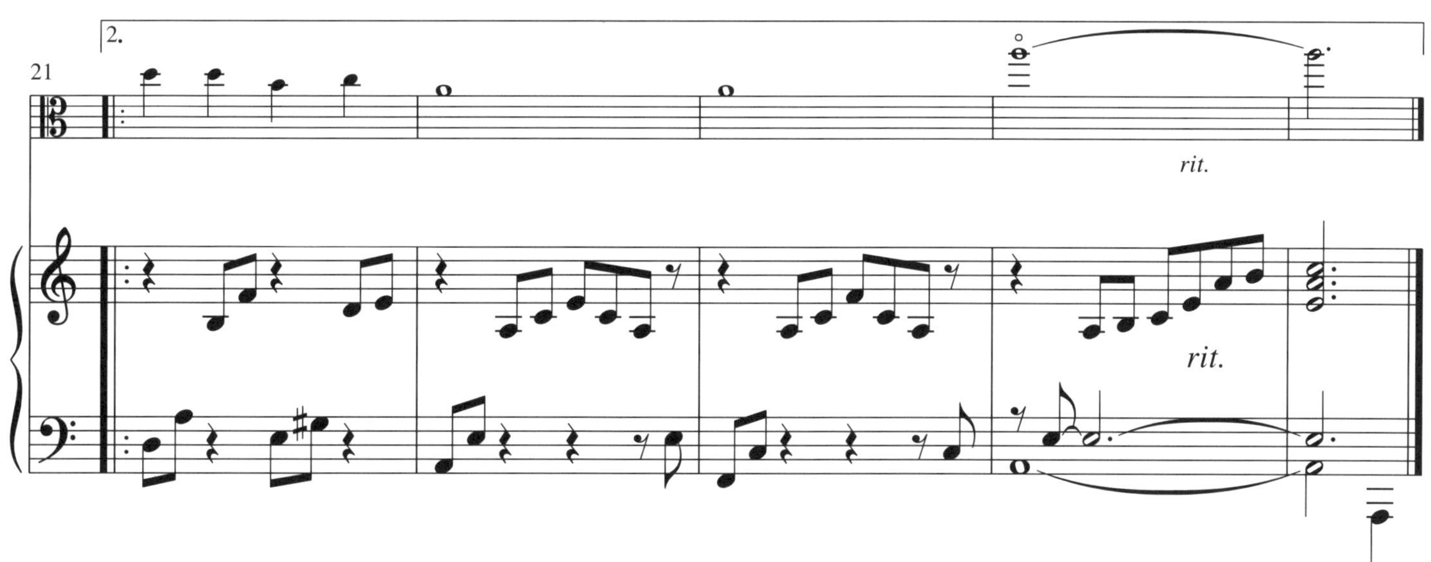
21
2.
rit.
rit.

Menuett

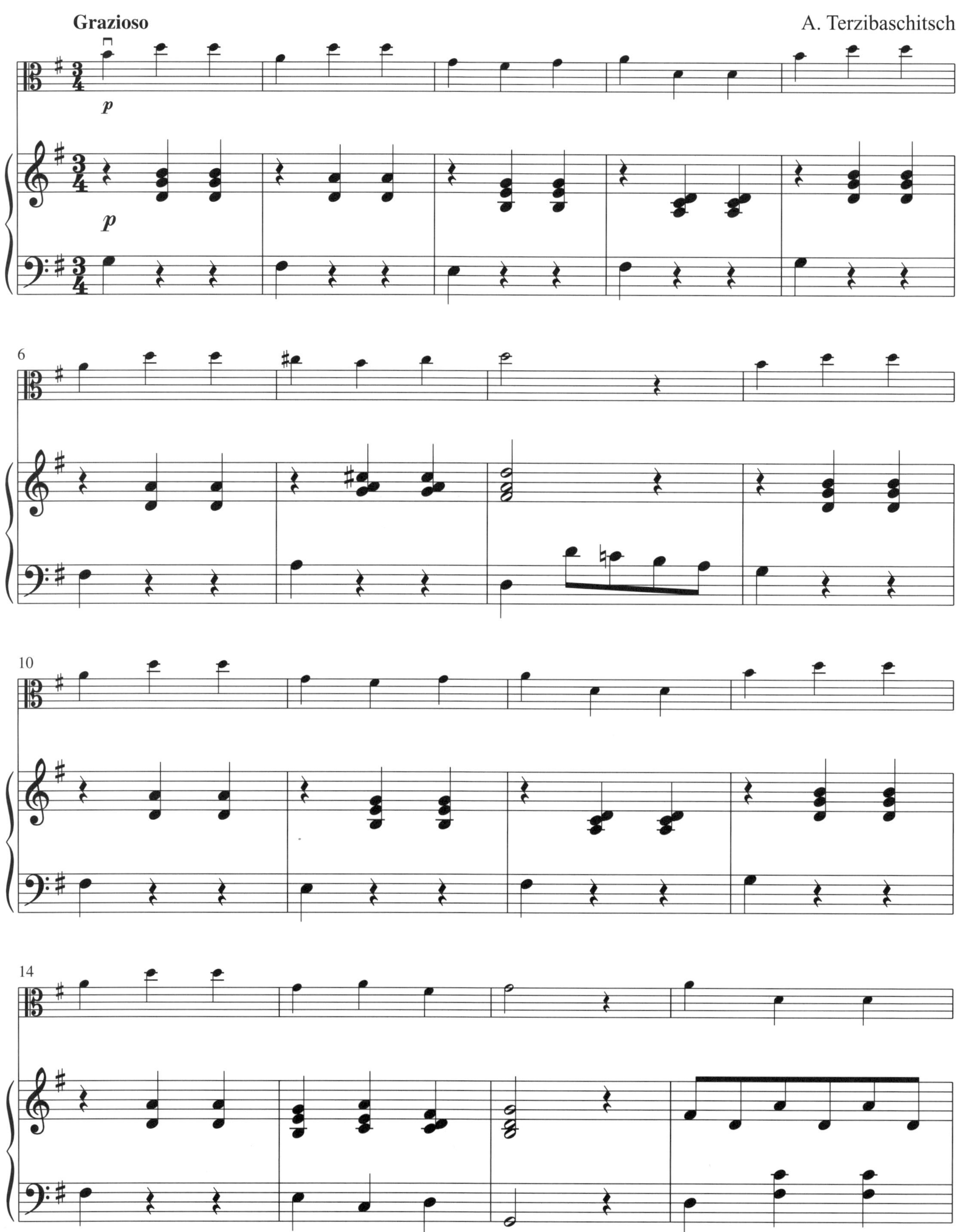

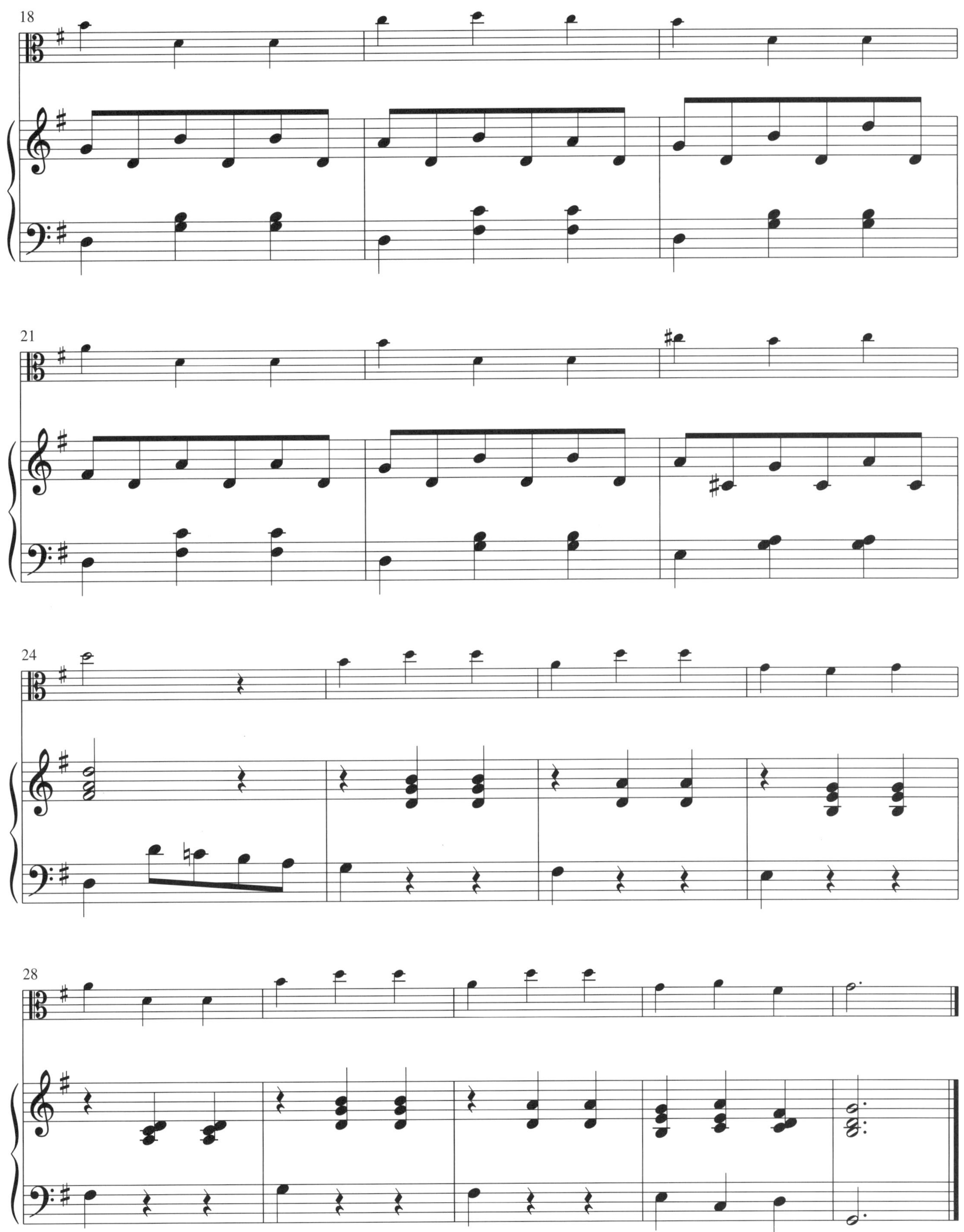
18
21
24
28

Klagelied

A. Terzibaschitsch

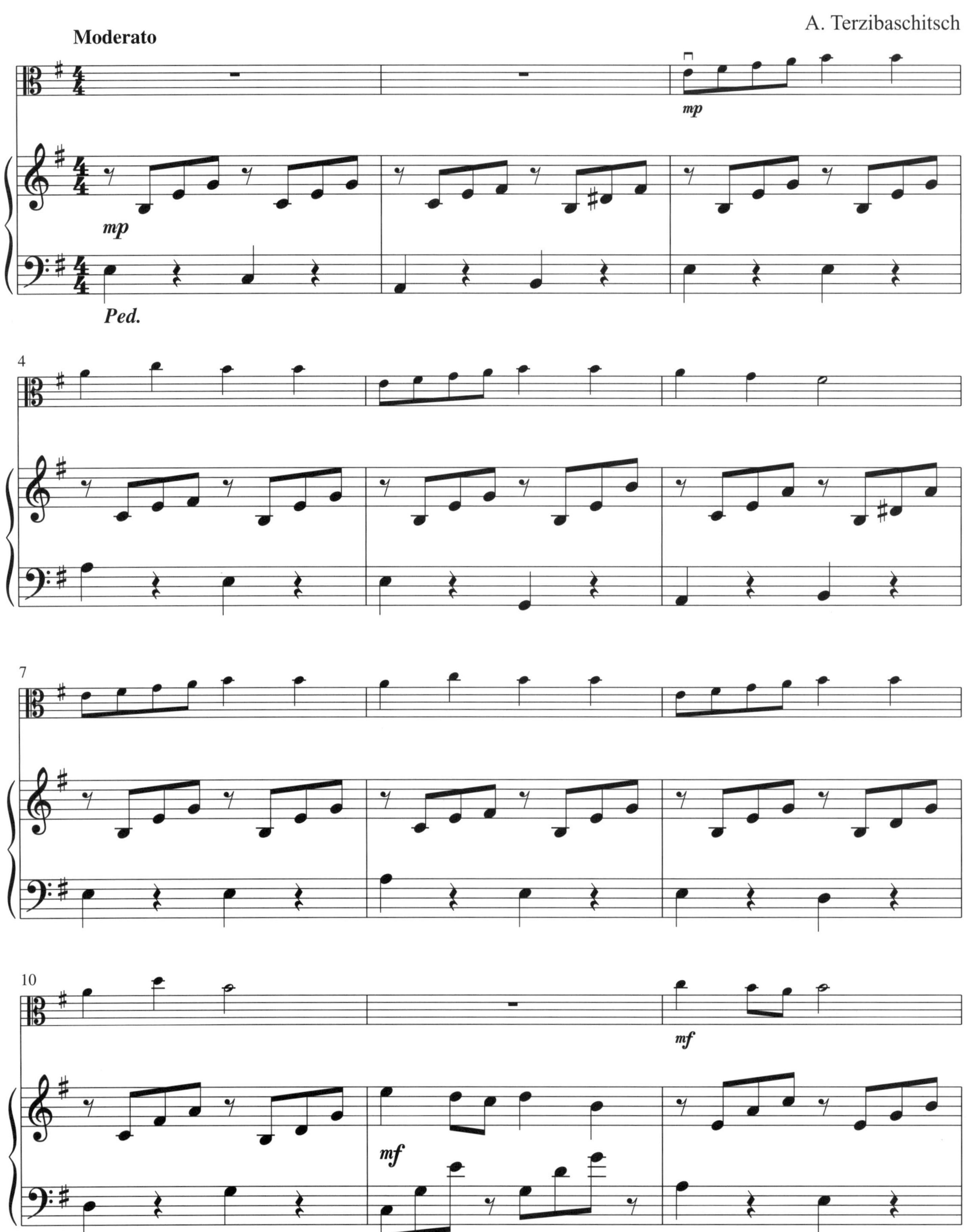

Violaträume

25 Stücke für Viola (1. Lage)
und Klavier

Anne Terzibaschitsch

Viola

Inhalt

Ohne Sorge

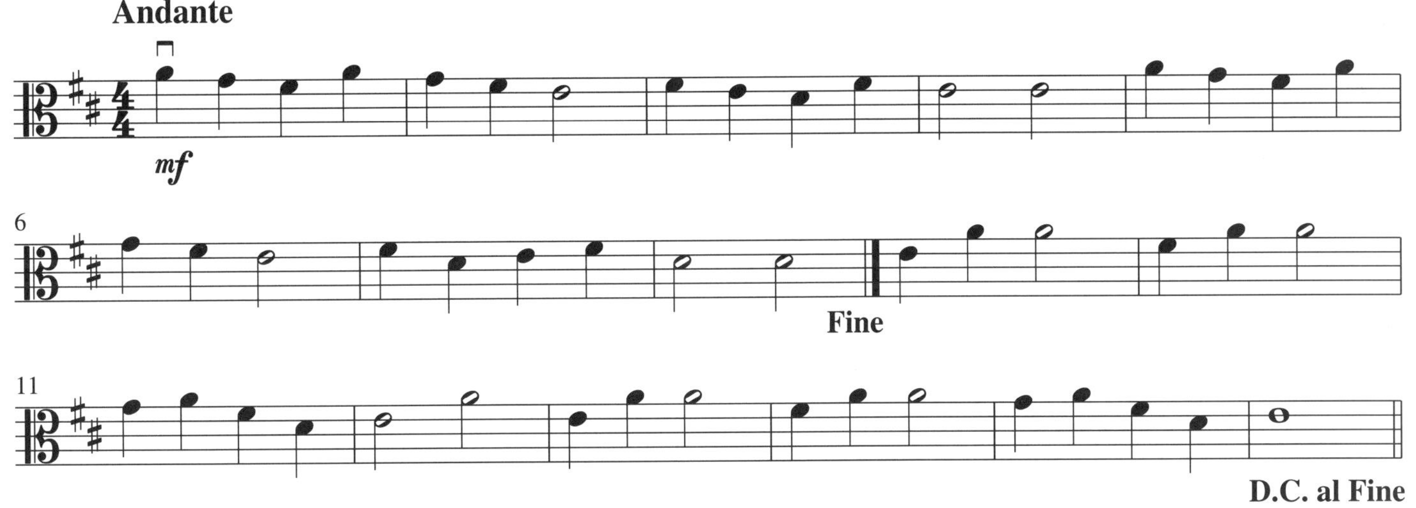

Erster Walzer

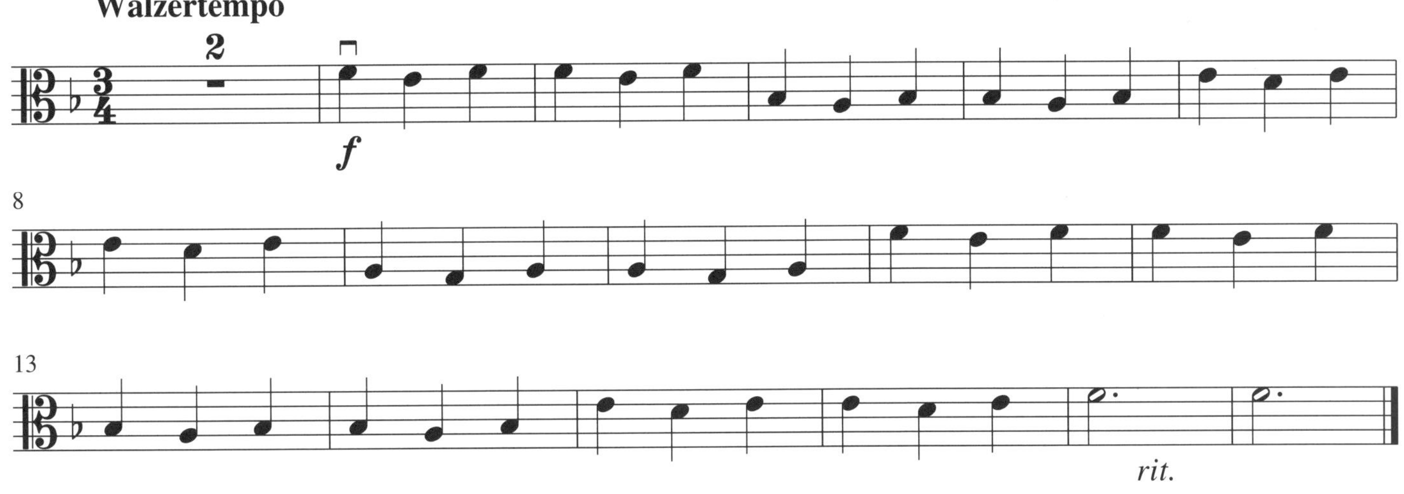

Ein schwerer Entschluss

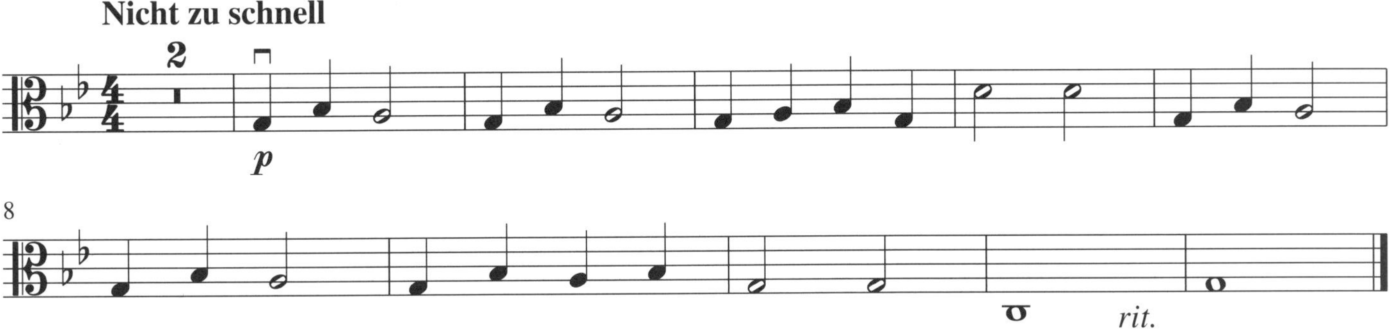

Russisches Lied

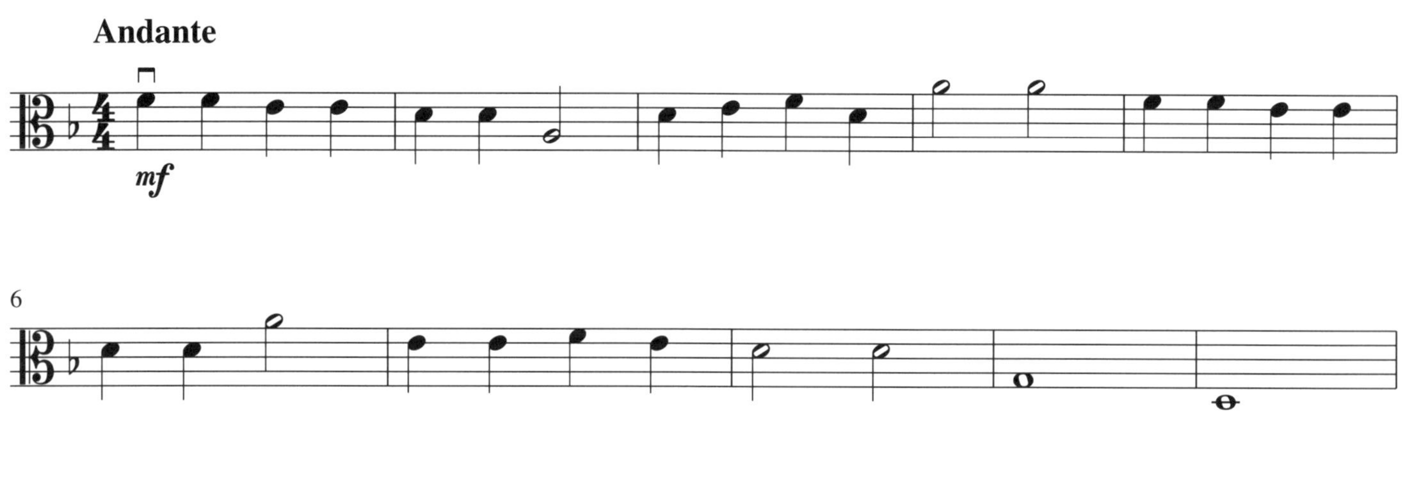

Fröhlich und traurig

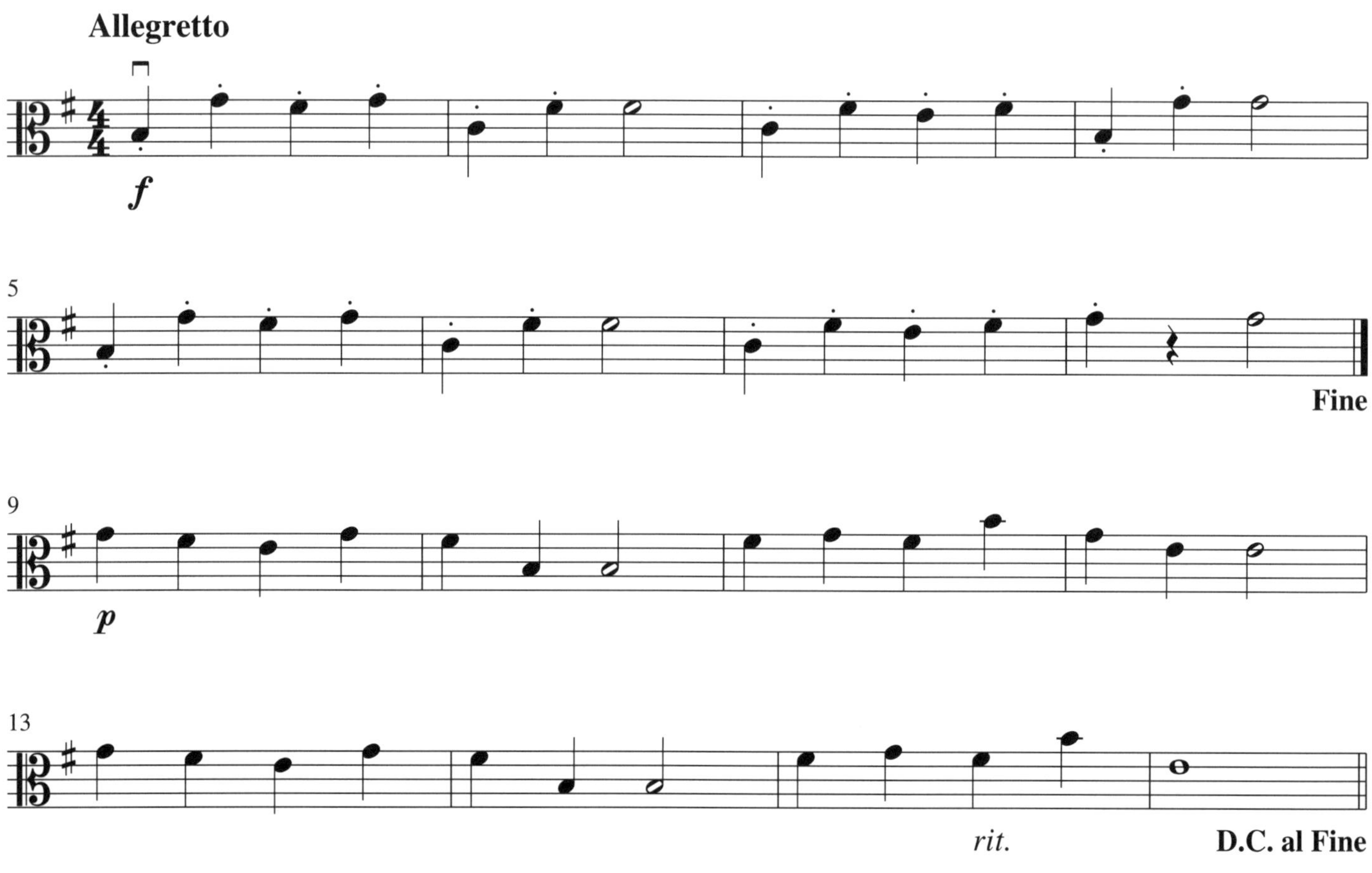

Der Kuckuck

Moderato

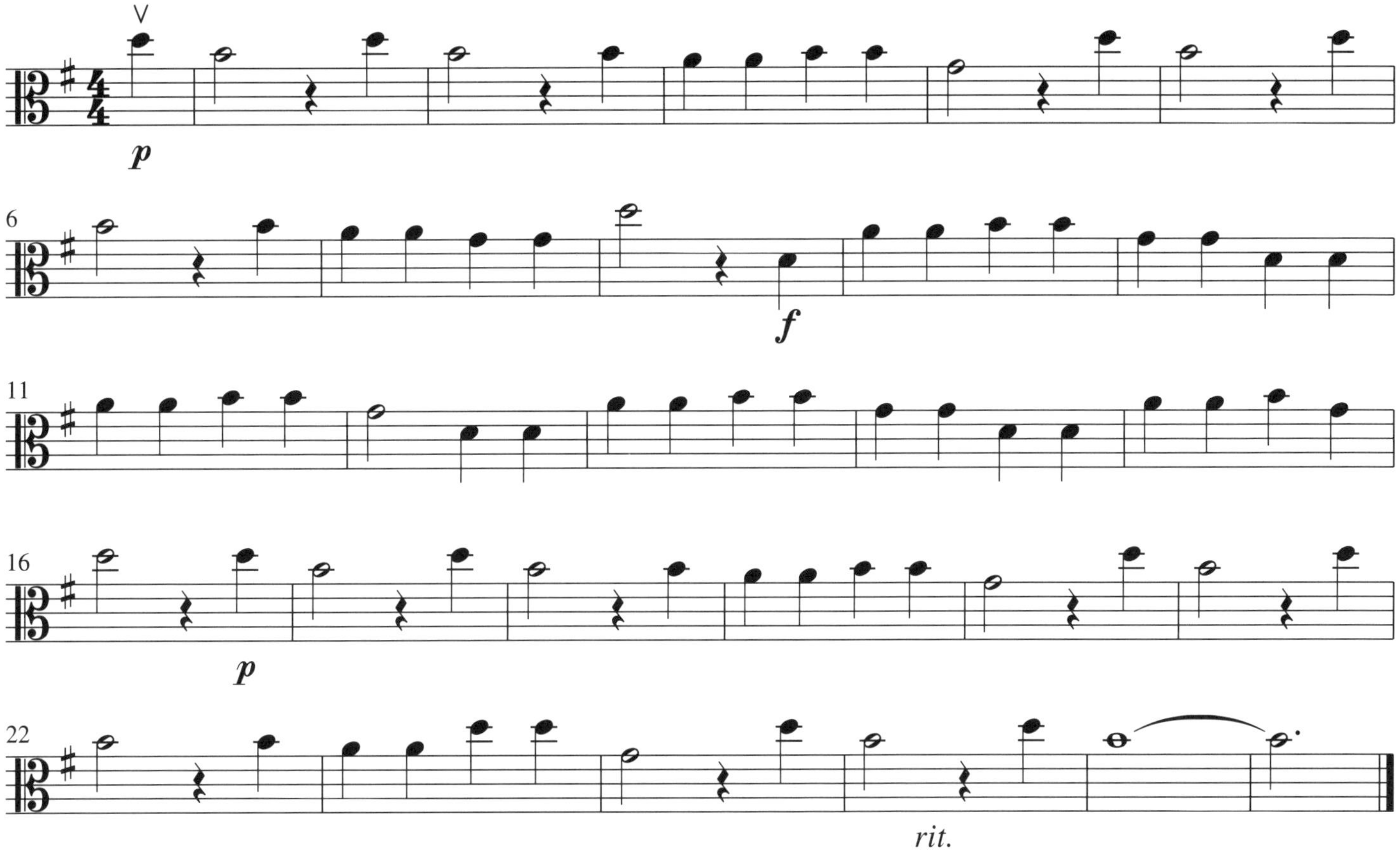

p

6

f

11

16

p

22

rit.

Wiegenlied

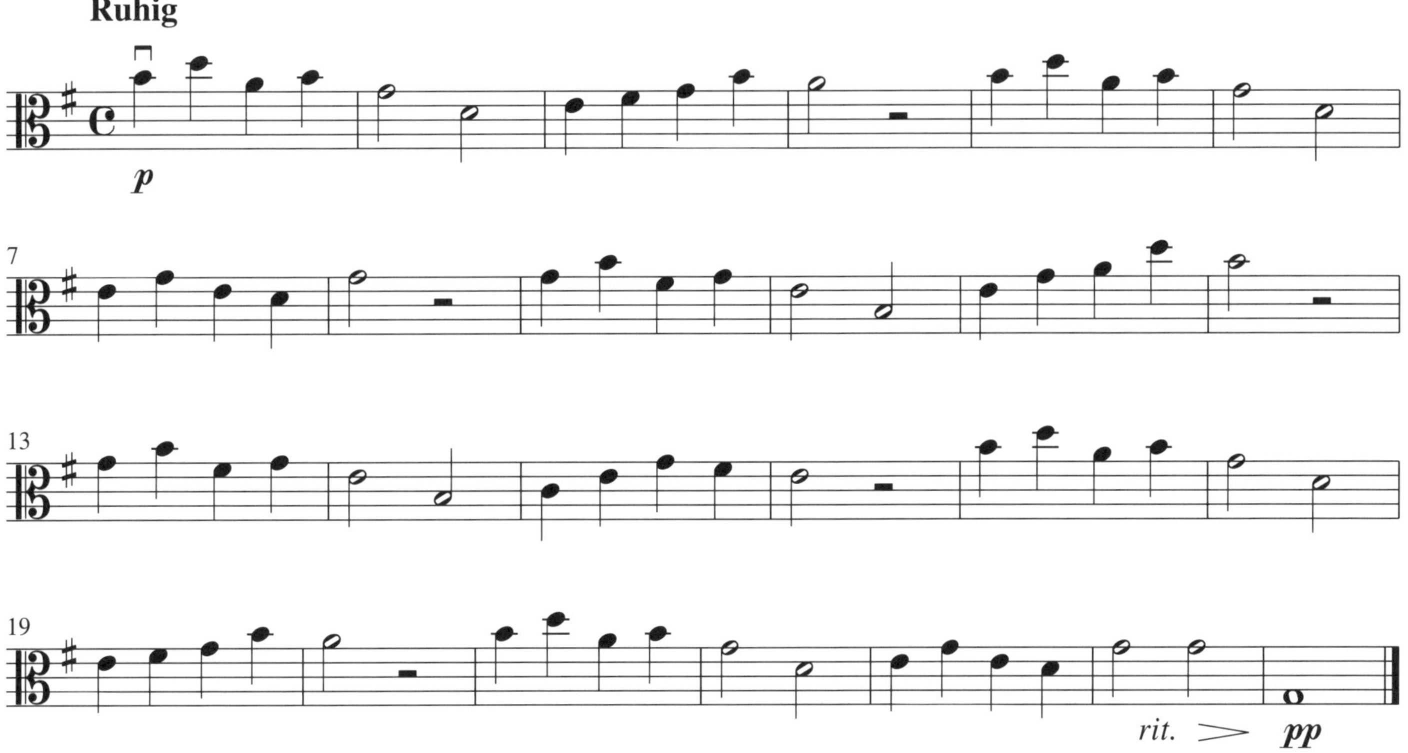

Zug der Zwerge

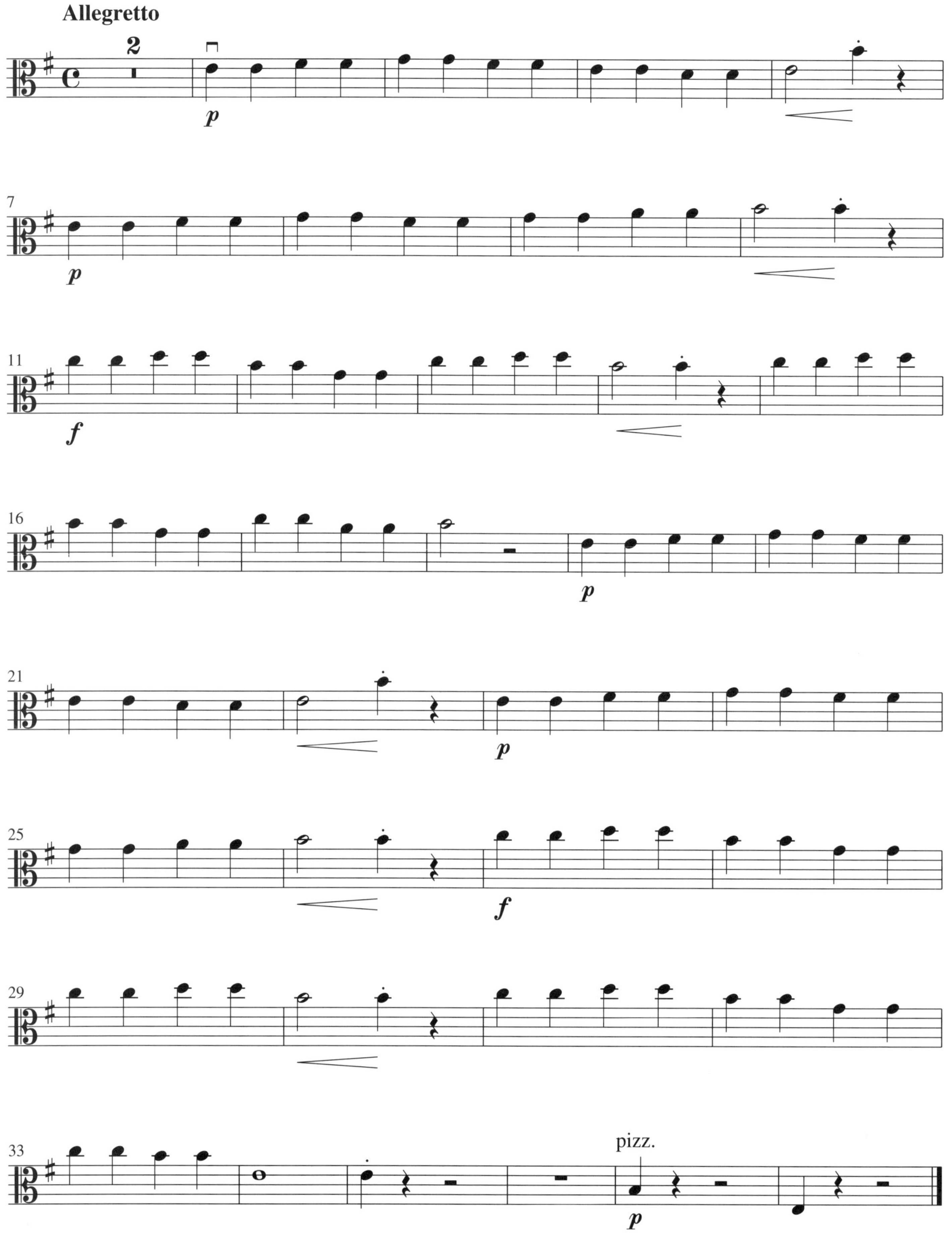

Lebewohl

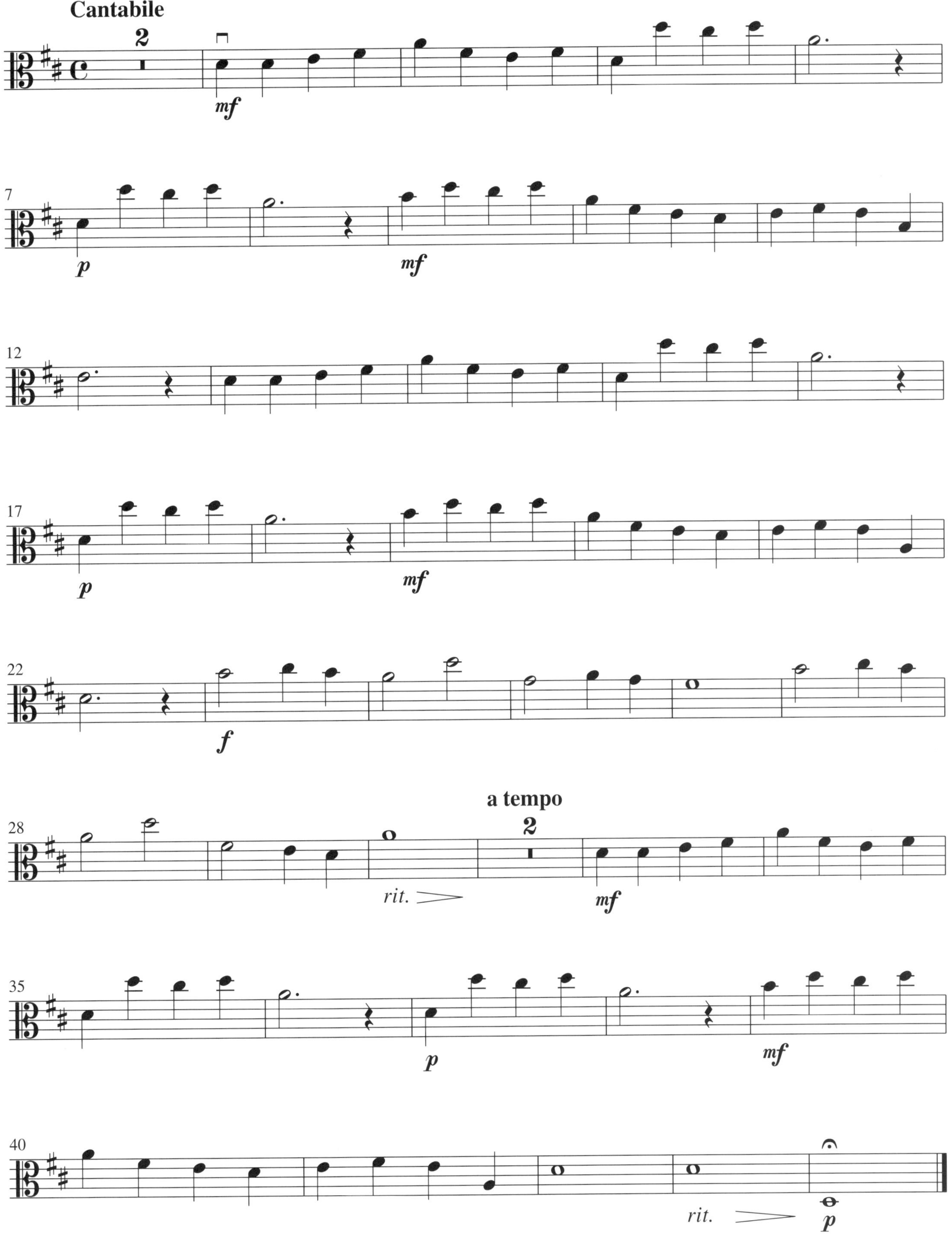
Cantabile
2
mf
7
p
mf
12
17
p
mf
22
f
28
a tempo
2
rit.
mf
35
p
mf
40
rit.
p

Old MacDonald Had A Farm

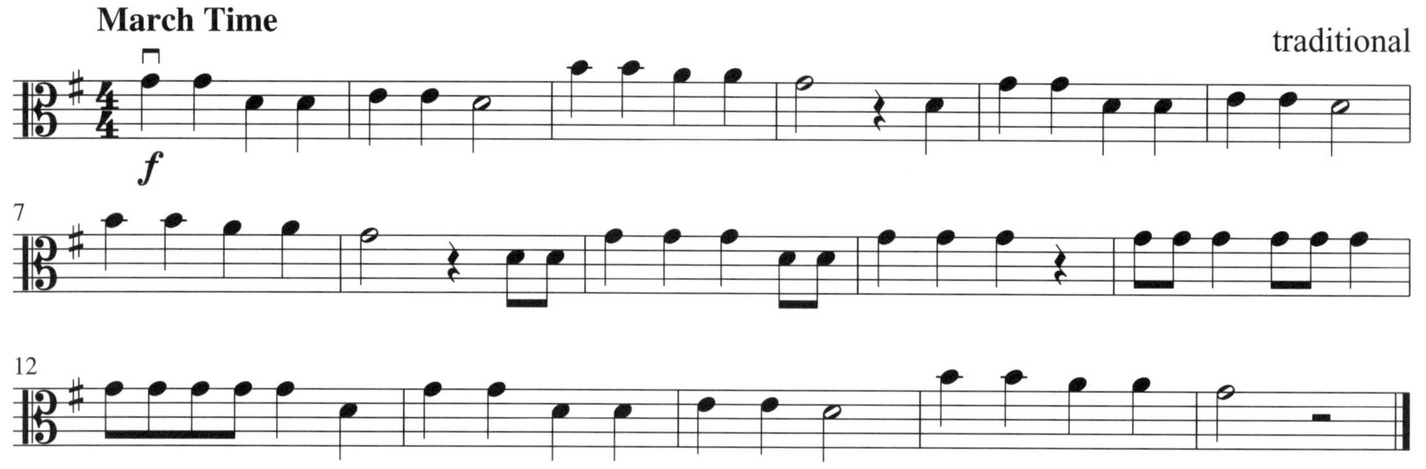

Bruder Jakob (Kanon)

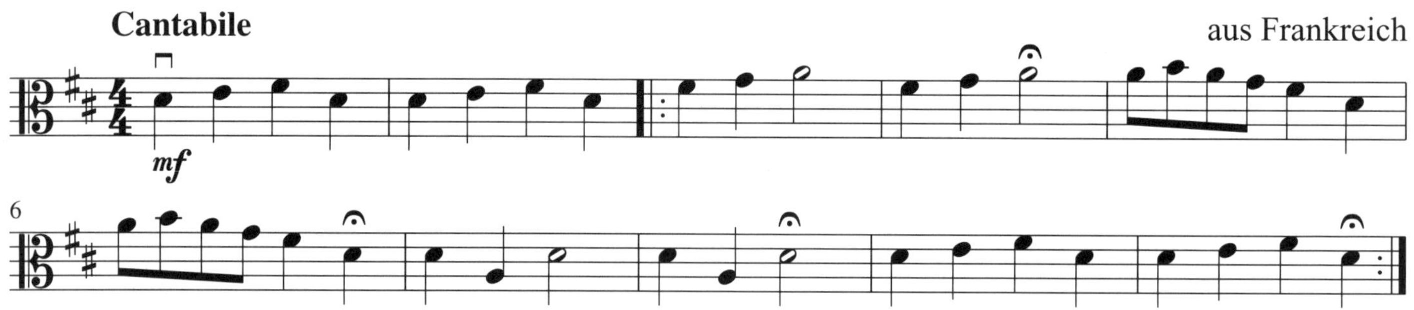

Ich hatte einen Traum

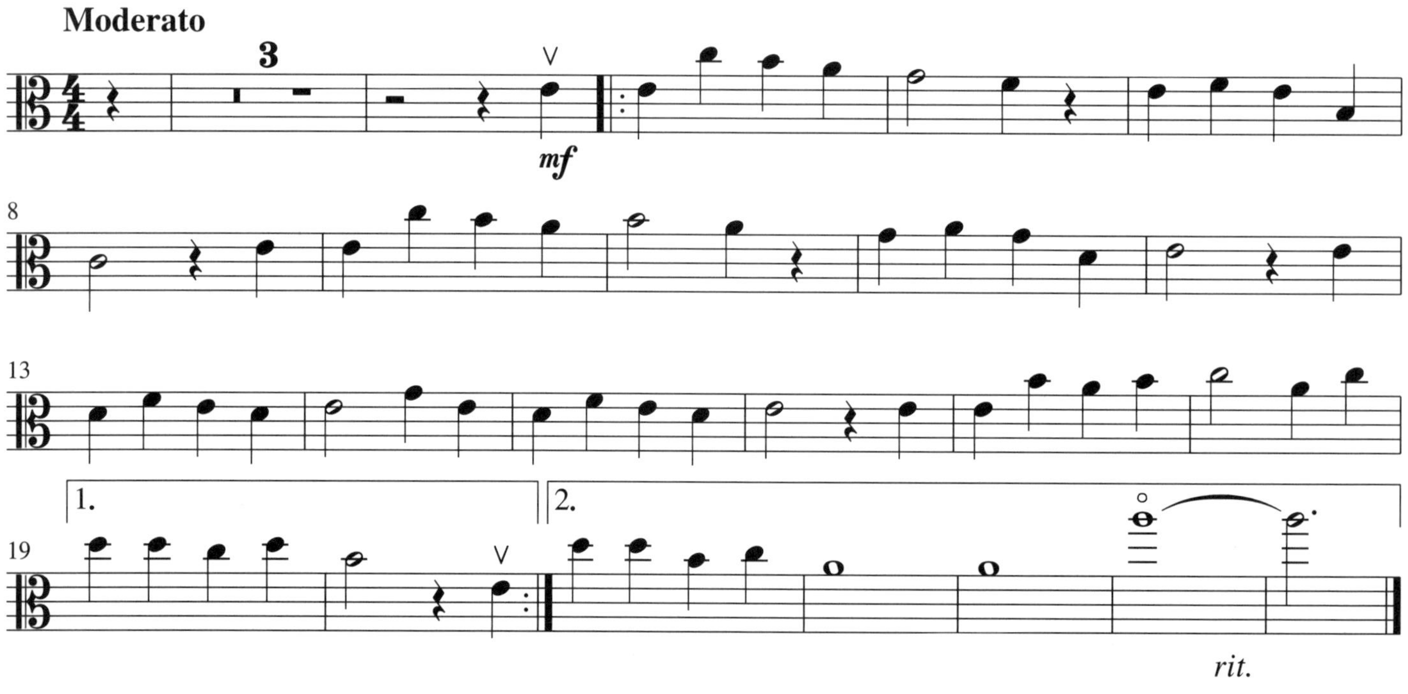

Menuett

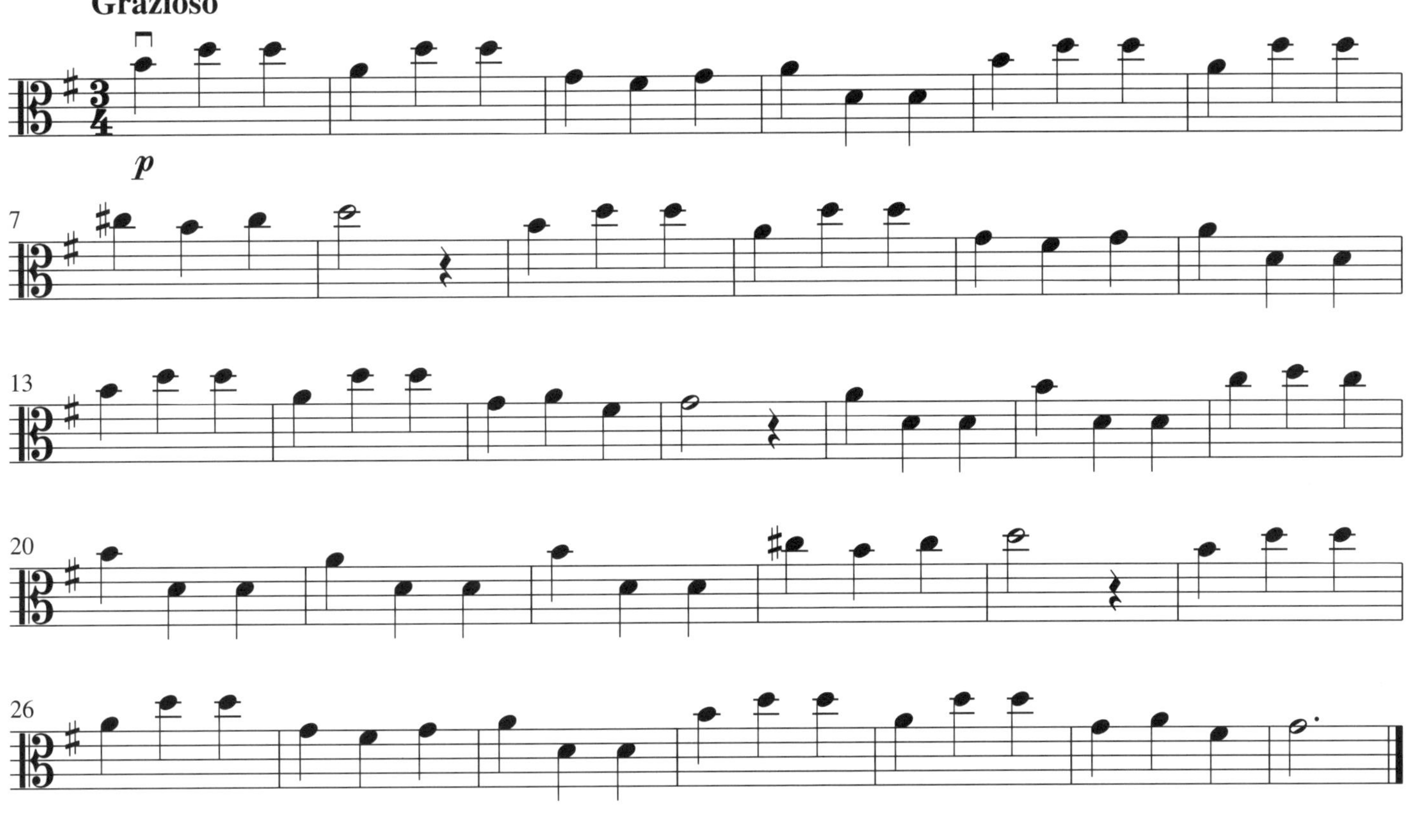

Klagelied

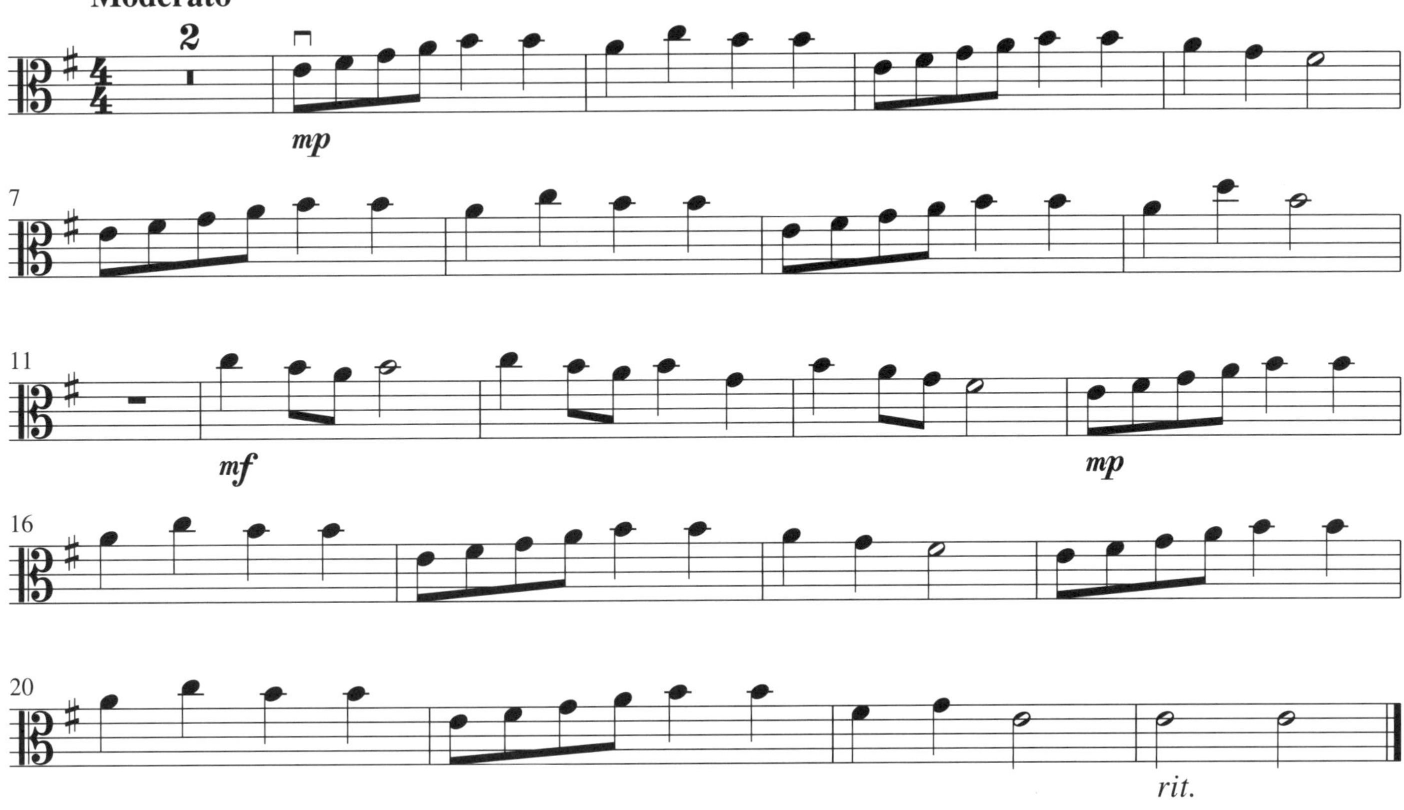

Marsch der Gänse

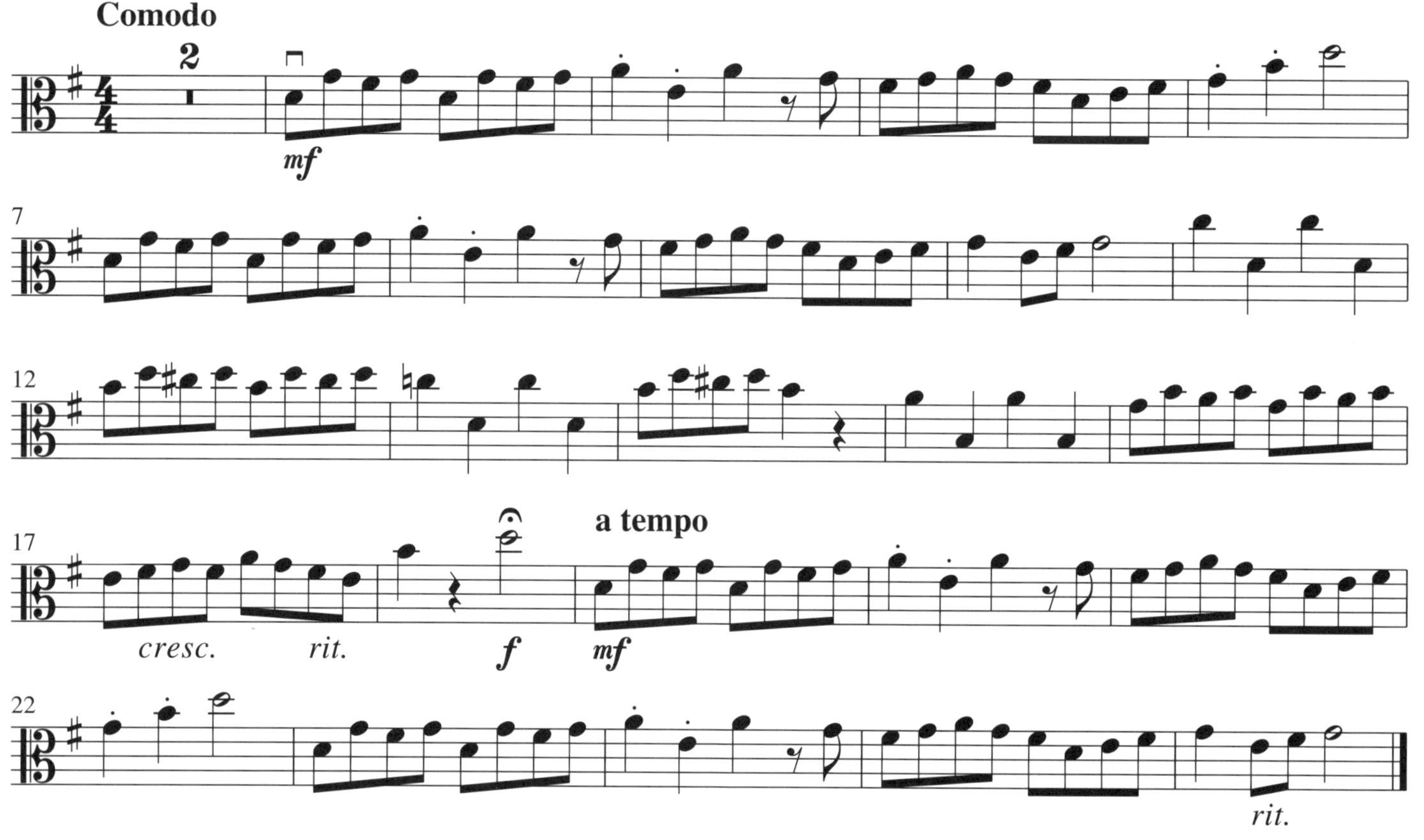

Walzer eines kleinen Bären

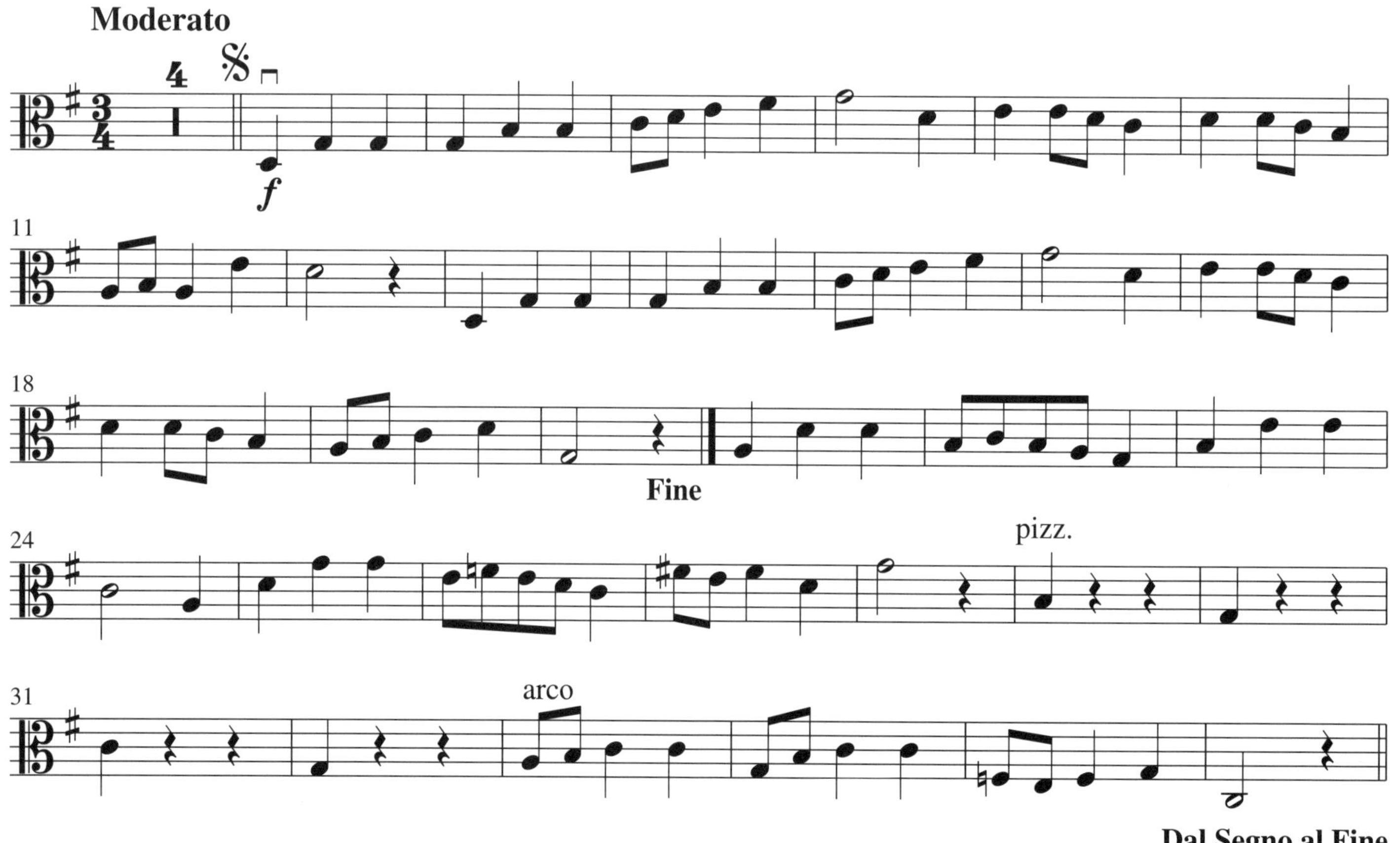

Heimweh

Moderato

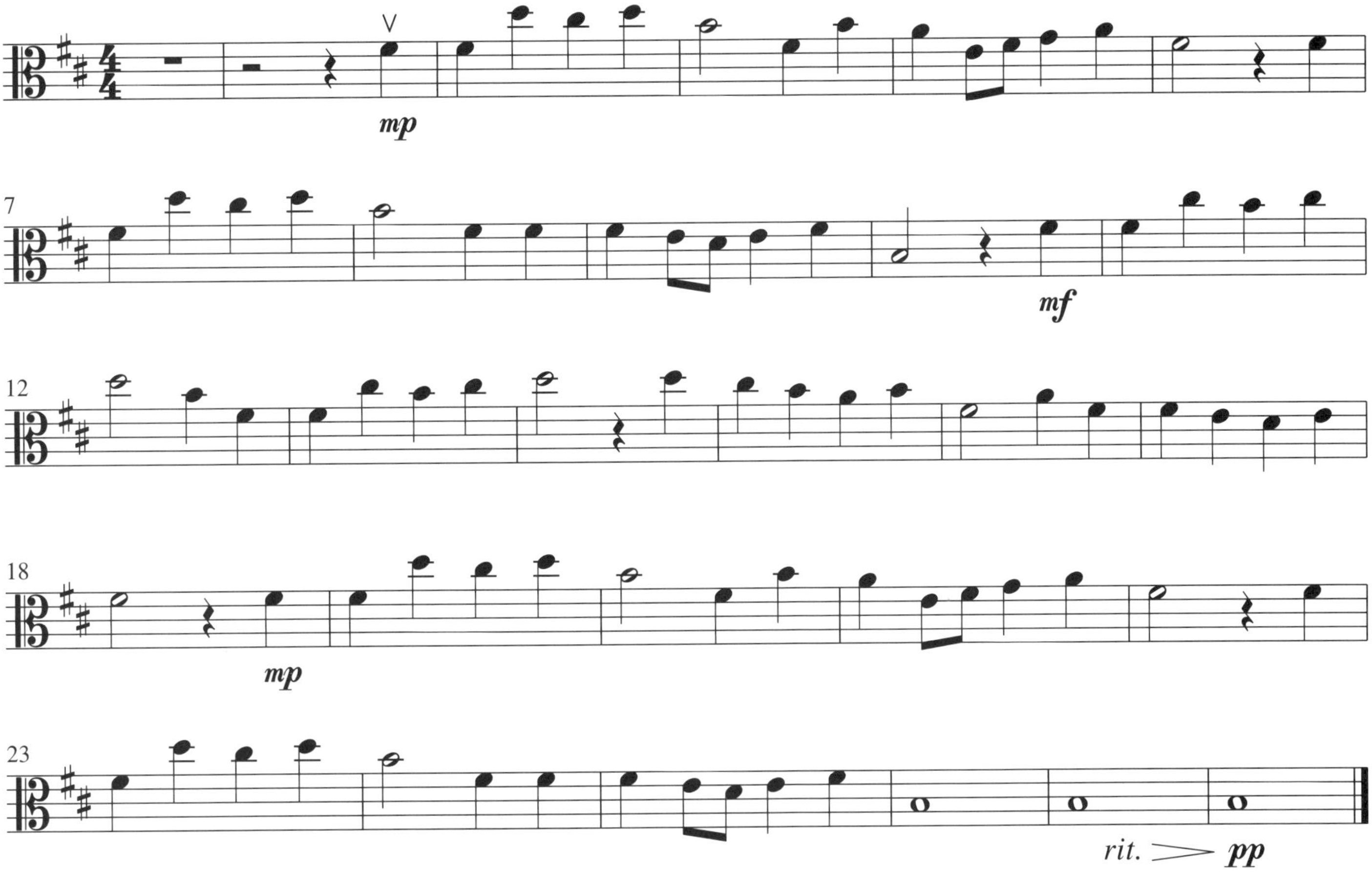

mp

7

mf

12

18

mp

23

rit. *pp*

Allemande

Allegretto

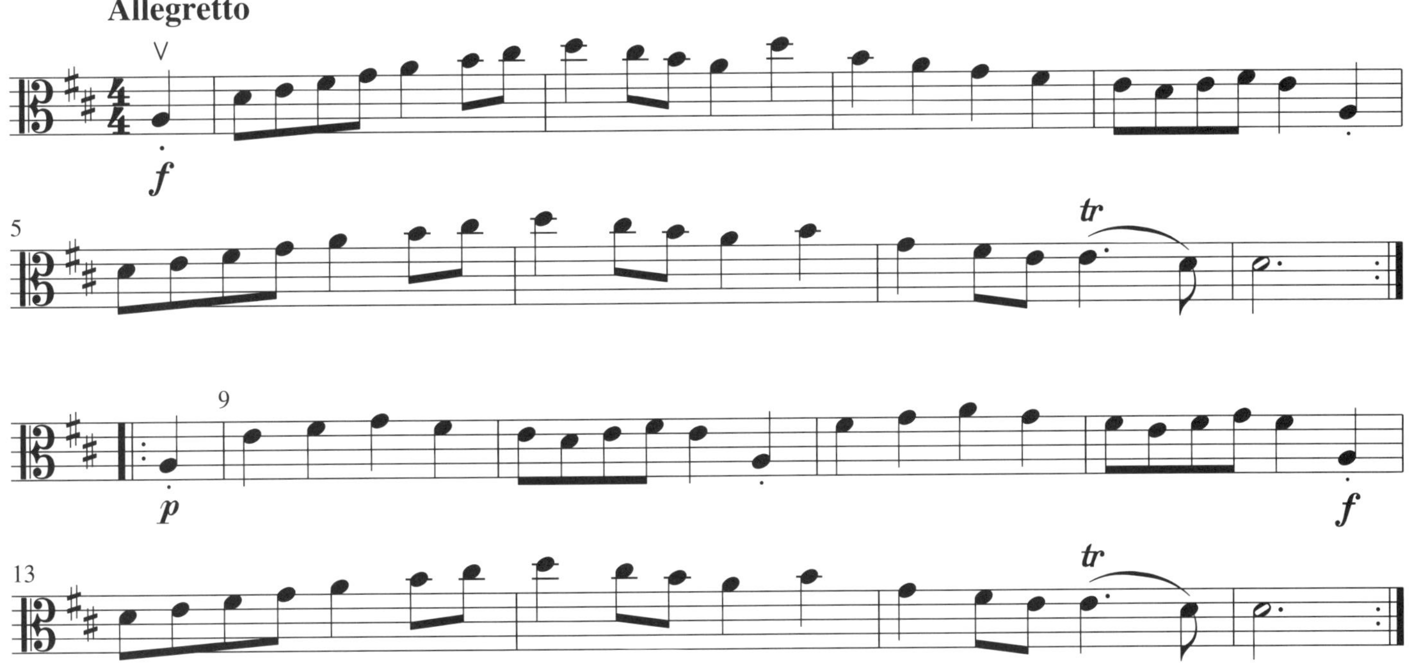

Tarantella

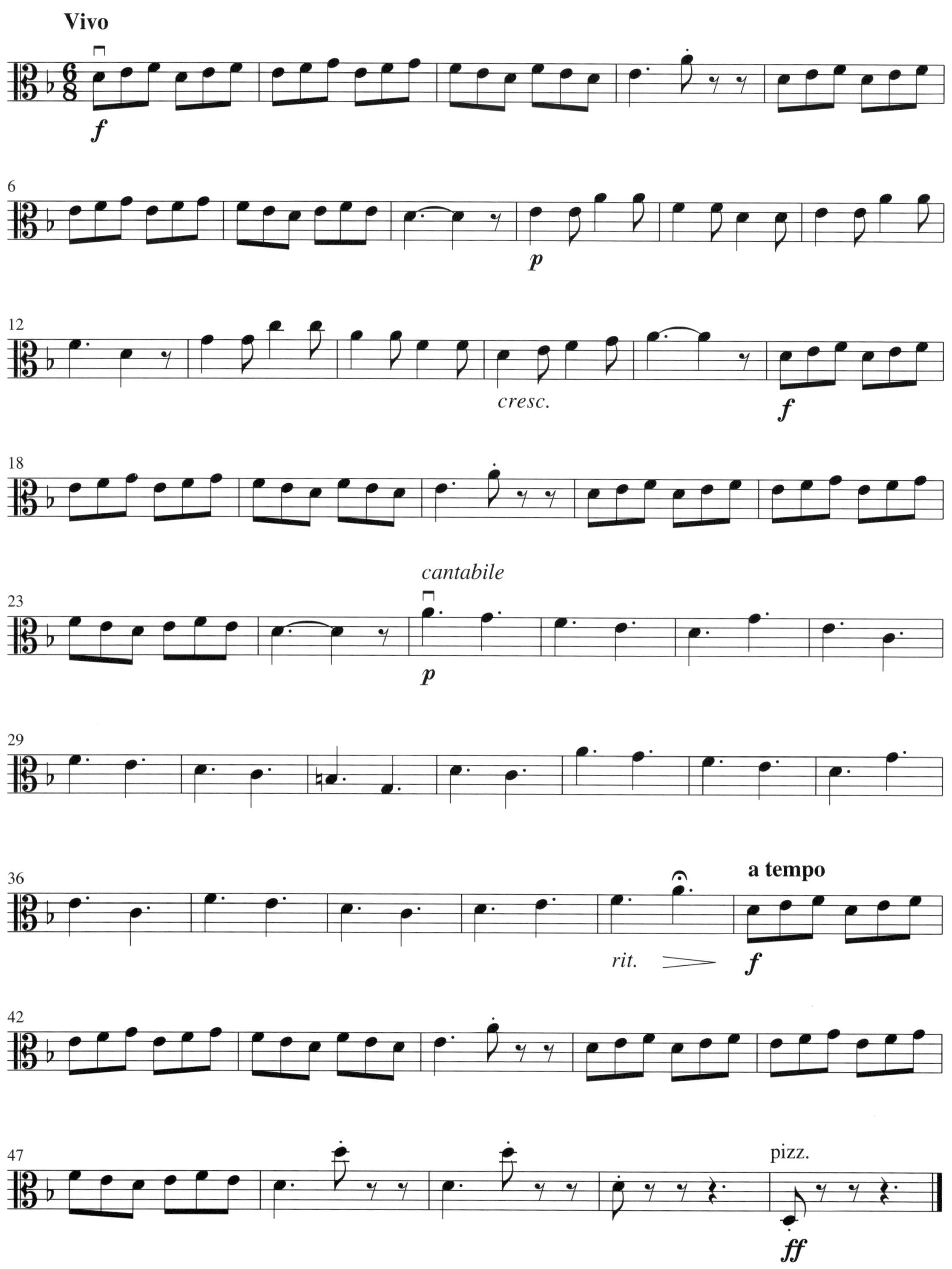
Vivo
f
6
p
12
cresc.
f
18
cantabile
23
p
29
36
a tempo
rit.
f
42
47
pizz.
ff

Schritte in der Nacht

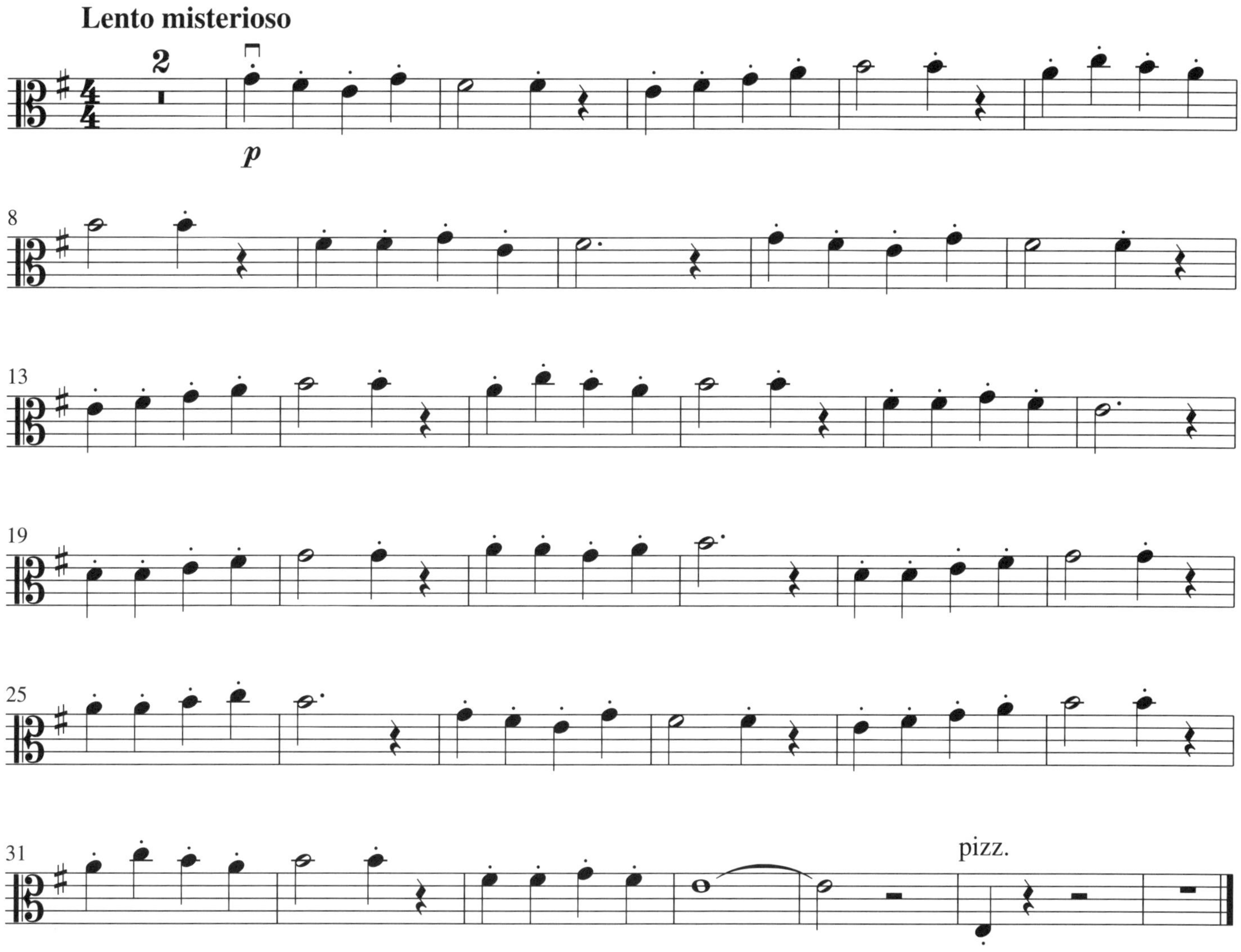

Lento misterioso

2

p

8

13

19

25

31

pizz.

Volkstanz

Heiter

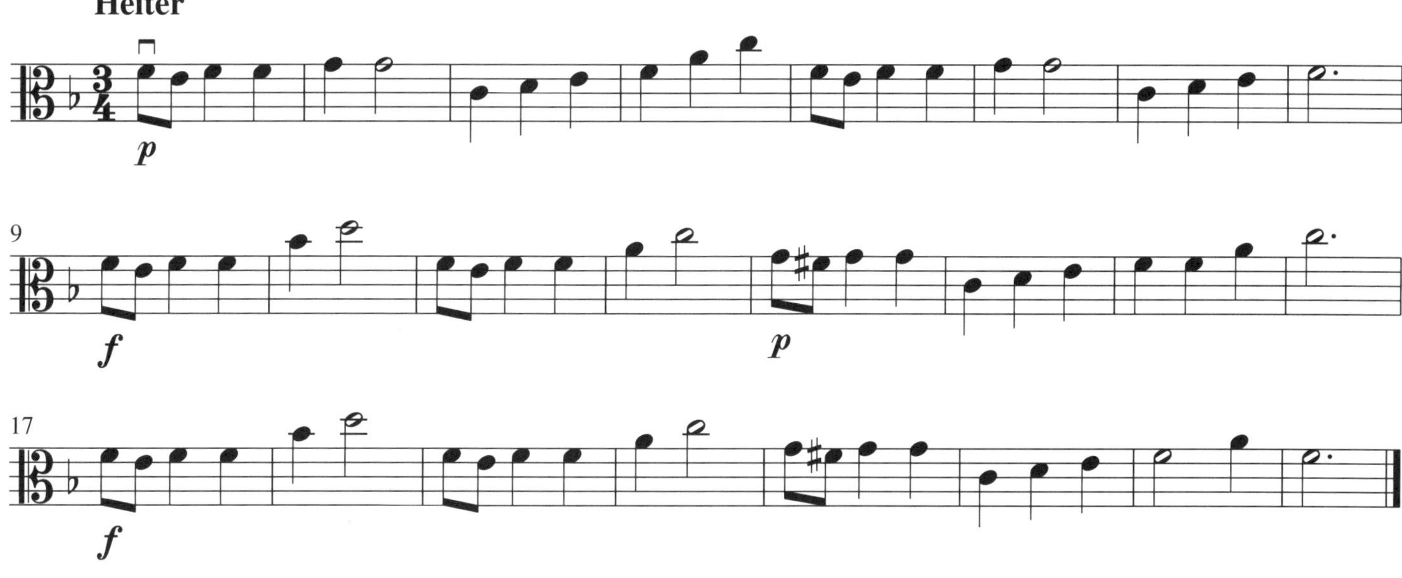

Gondellied

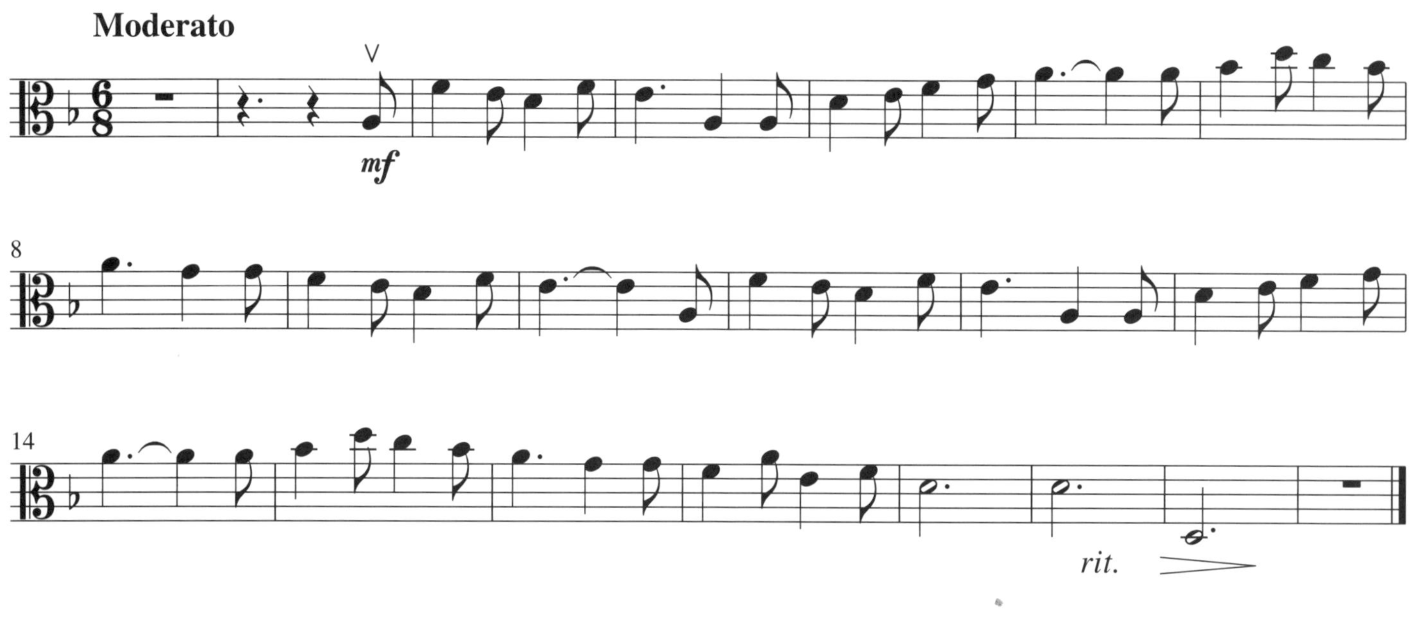

Sicilienne

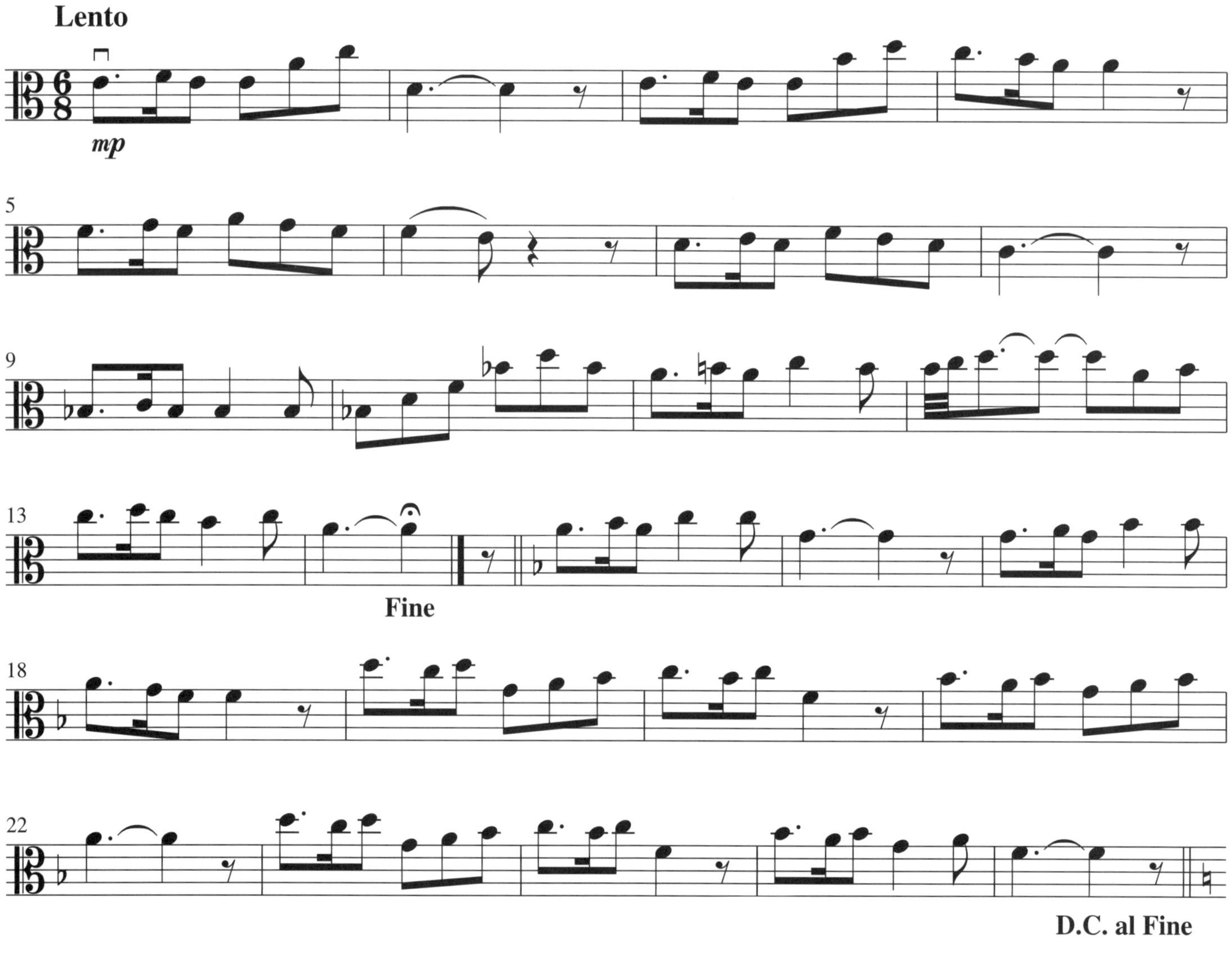

Lento

mp

5

9

13

Fine

18

22

D.C. al Fine

Erinnerung

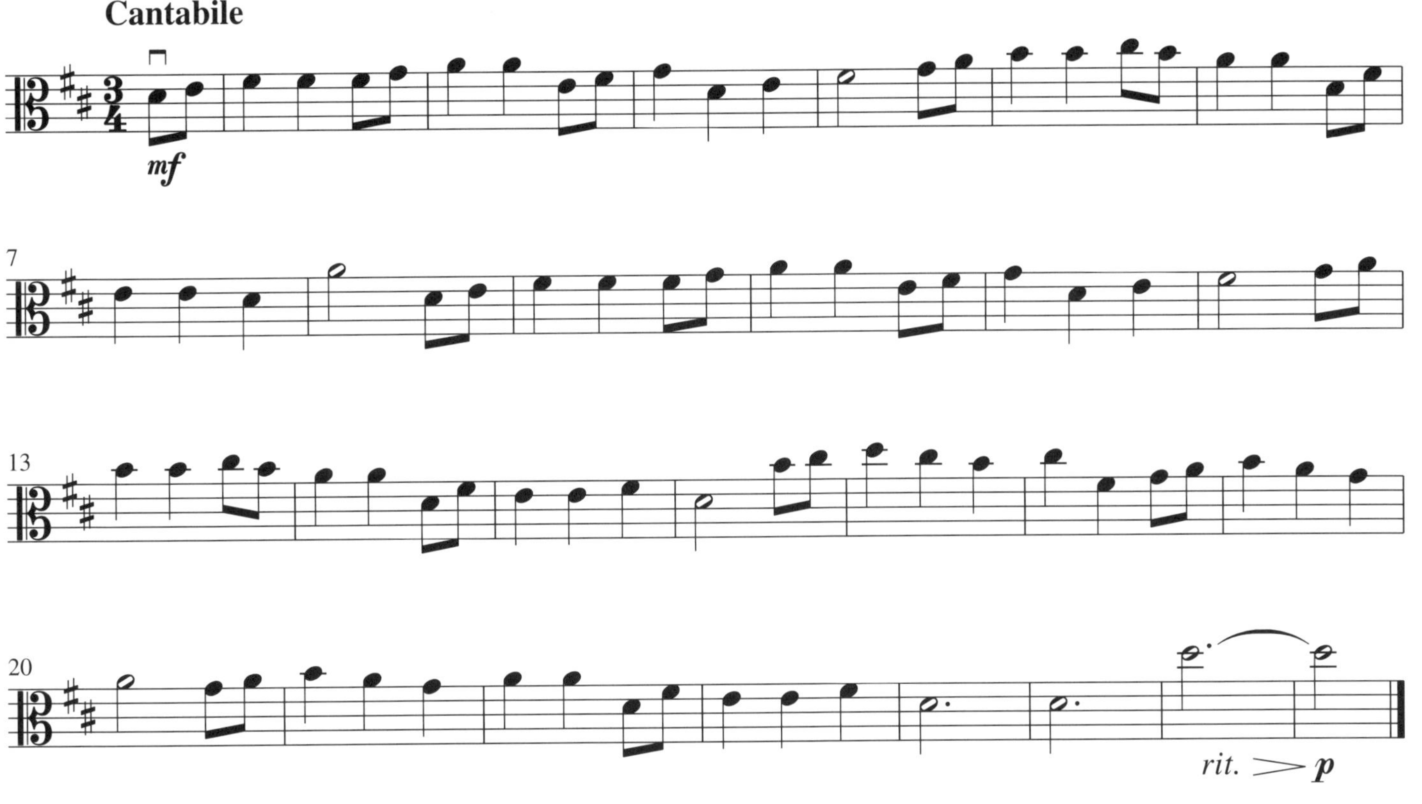

Tiny Rag

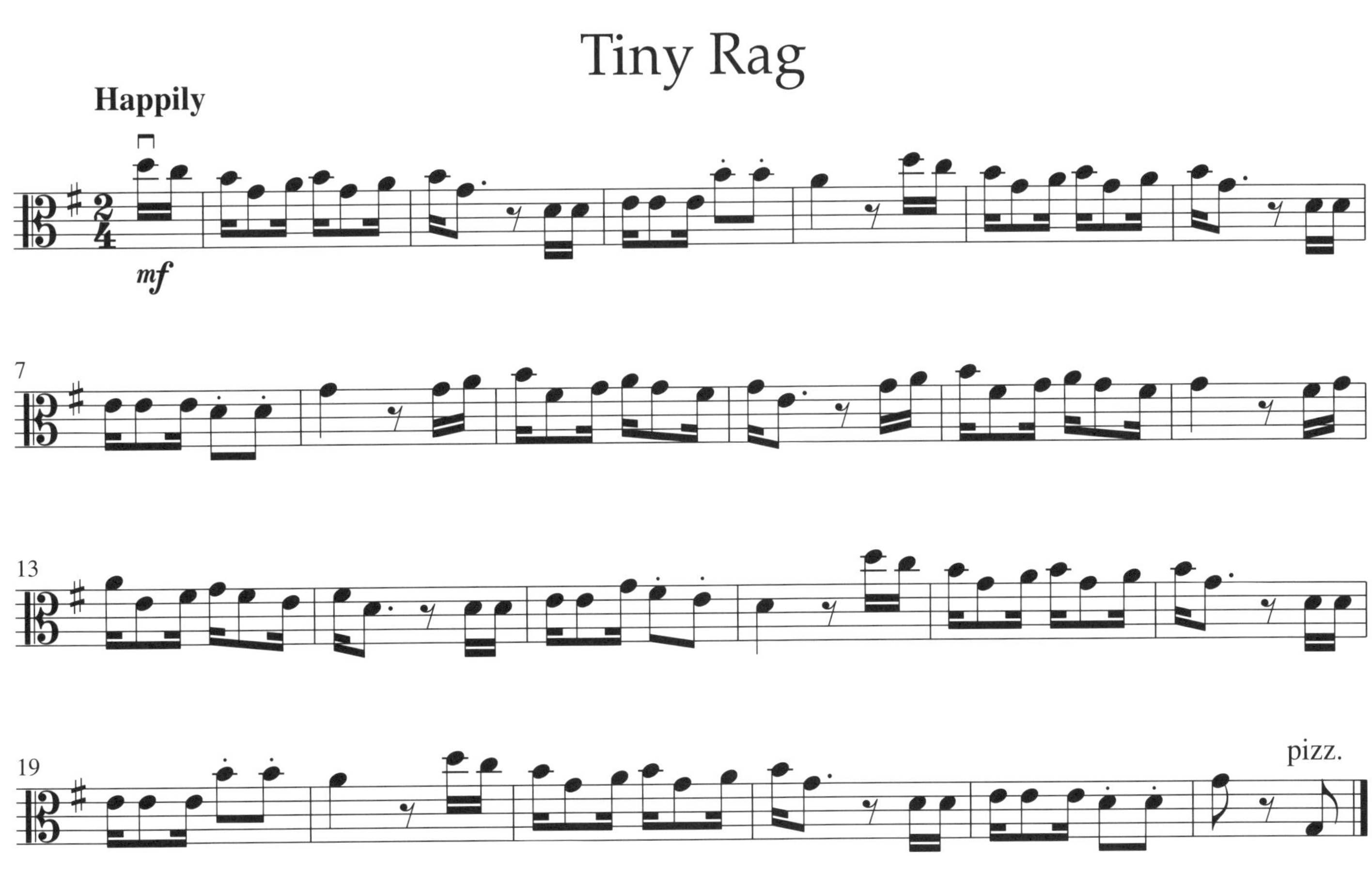

ANHANG

Berceuse

op. 13

A. Ilynsky (1859–1920)
Bearb.: A. Terzibaschitsch

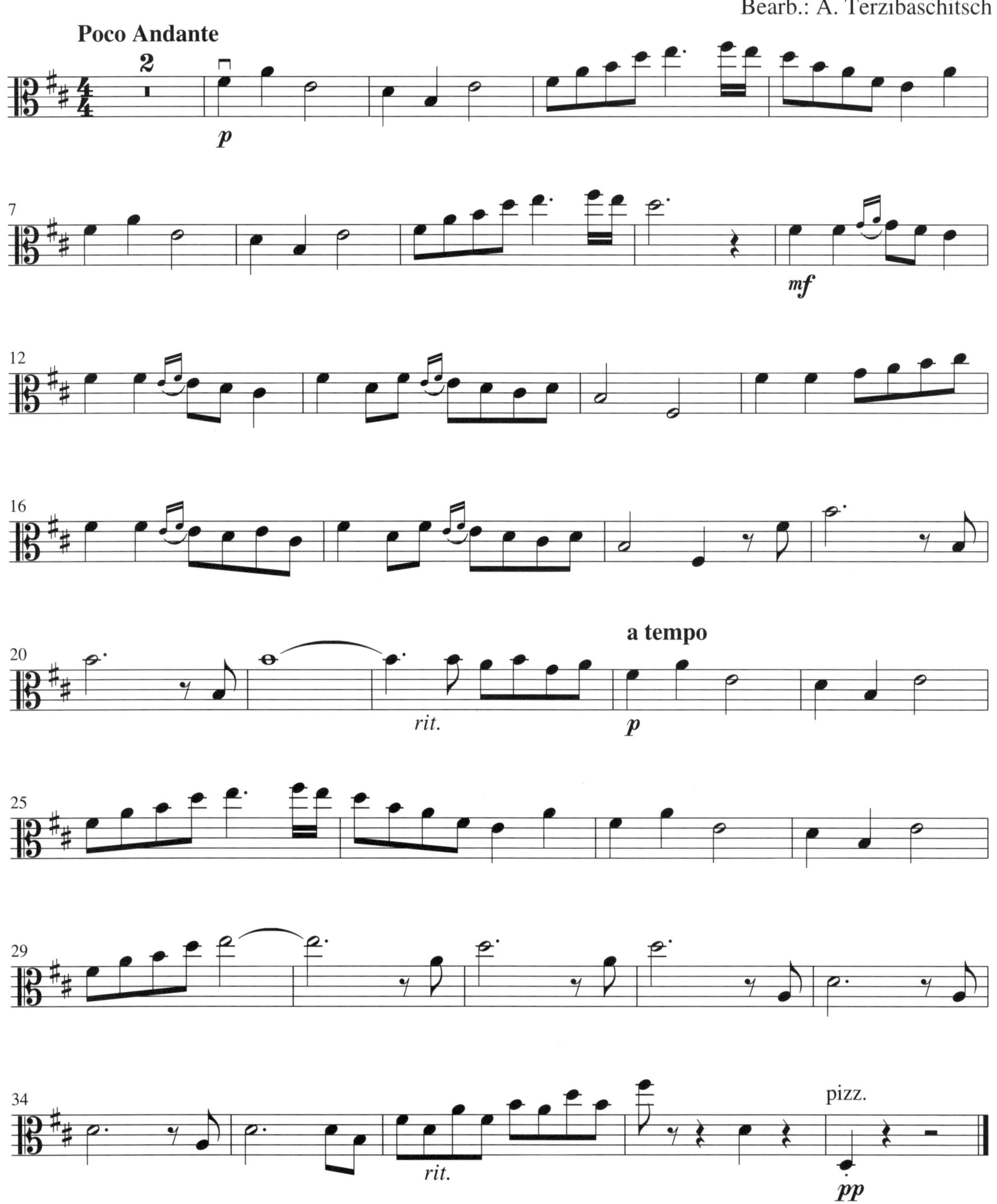

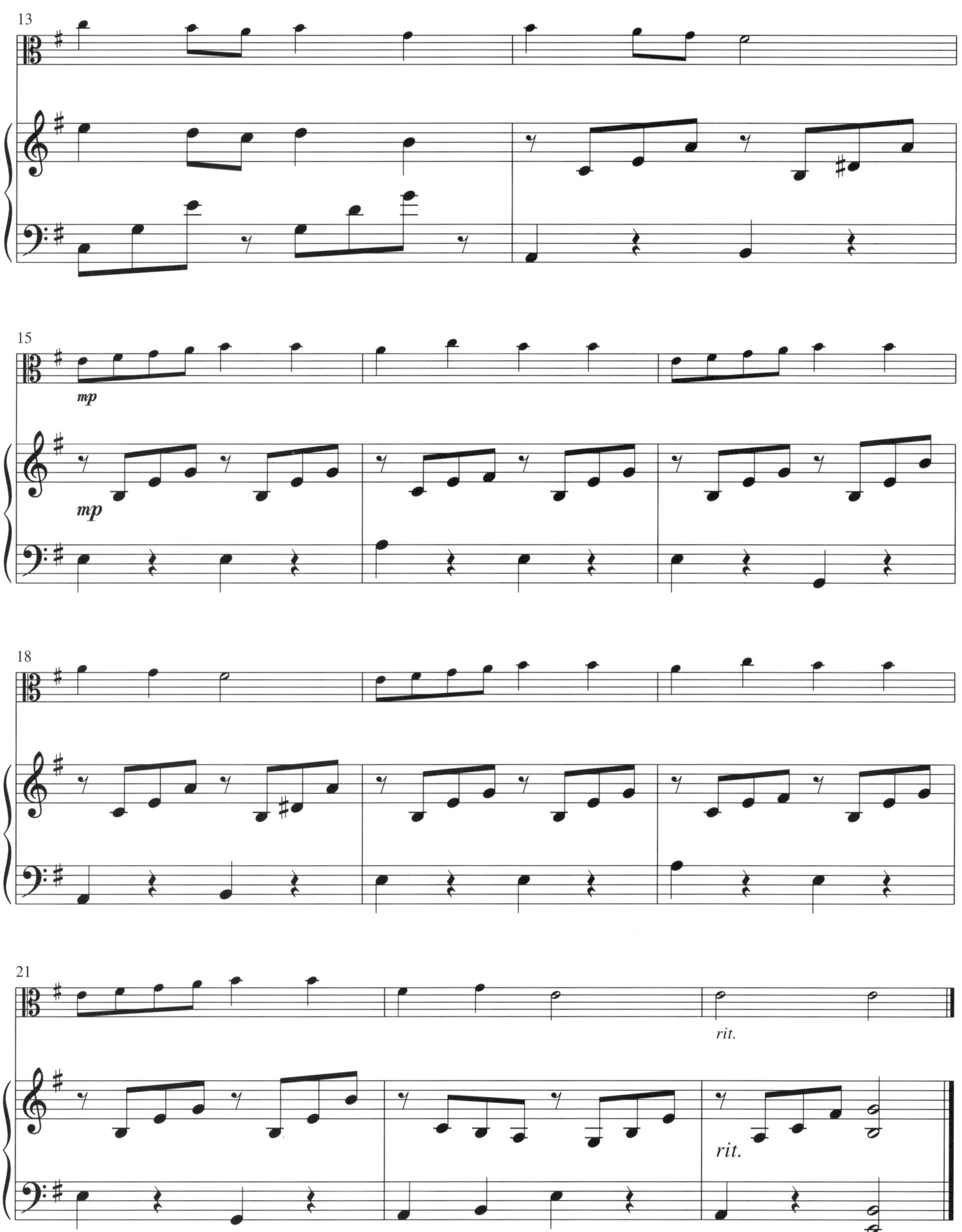
13
15
mp
mp
18
21
rit.
rit.

Marsch der Gänse

A. Terzibaschitsch

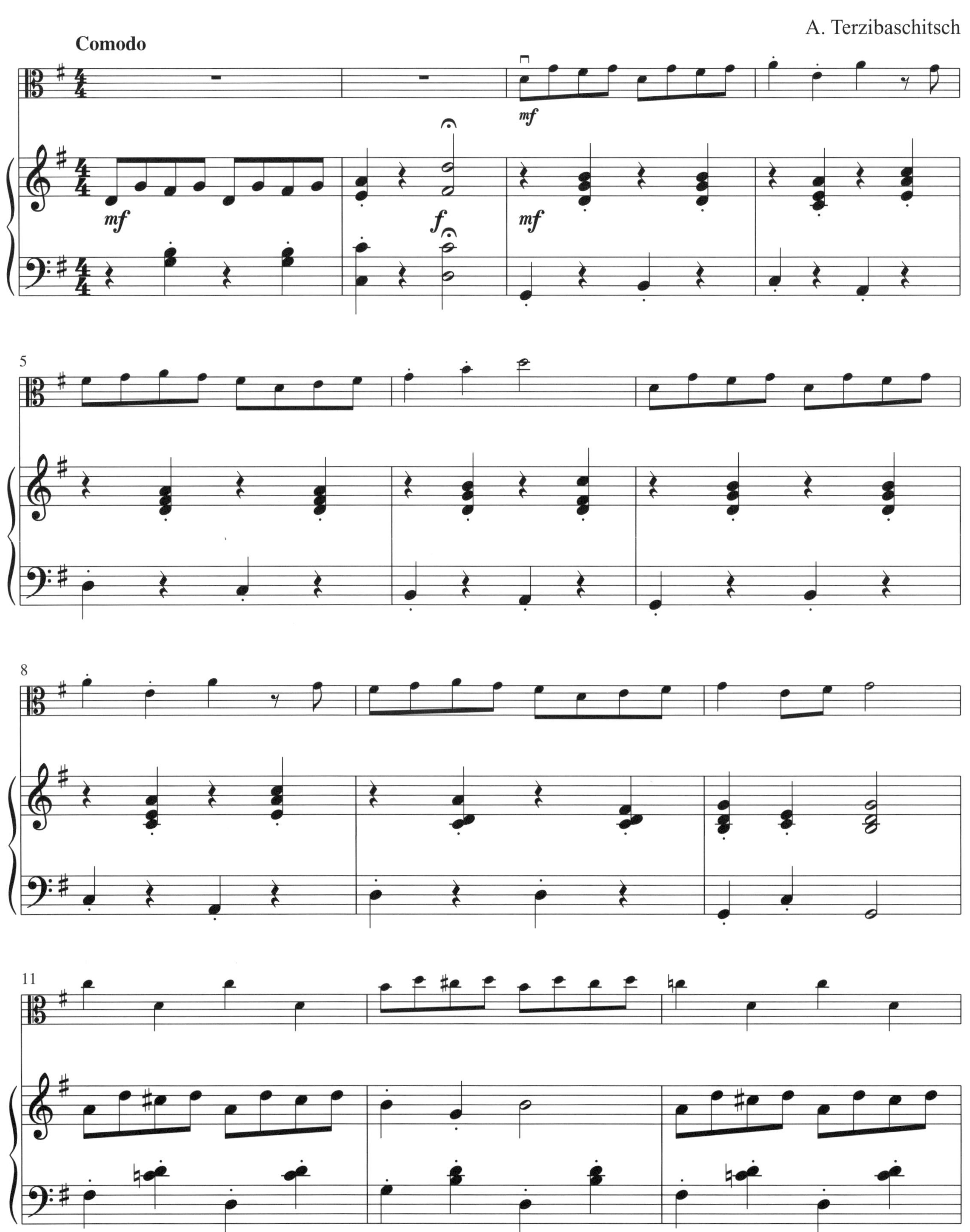

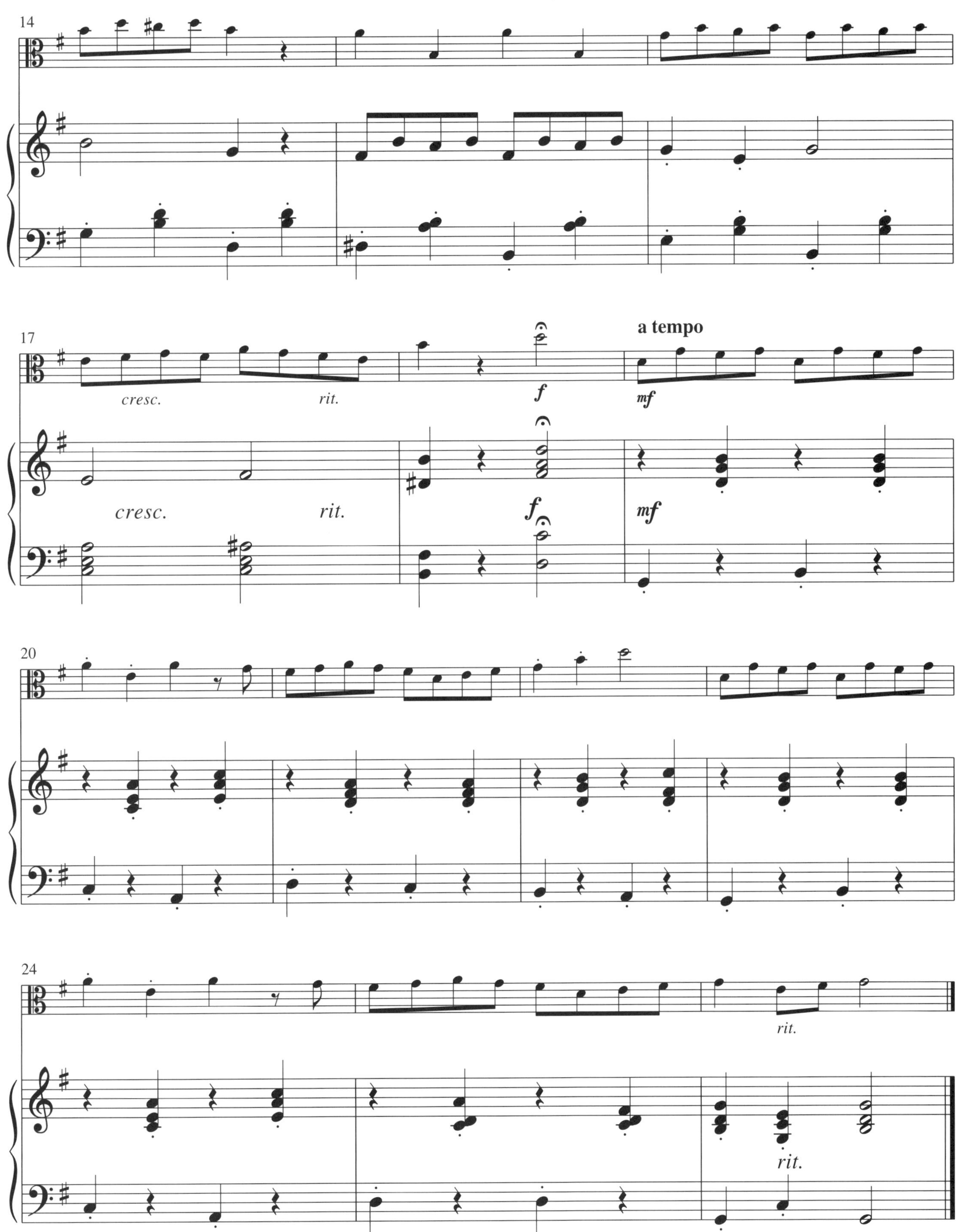
14
17
cresc.
rit.
f
a tempo
mf
cresc.
rit.
f
mf
20
24
rit.
rit.

Walzer eines kleinen Bären

A. Terzibaschitsch

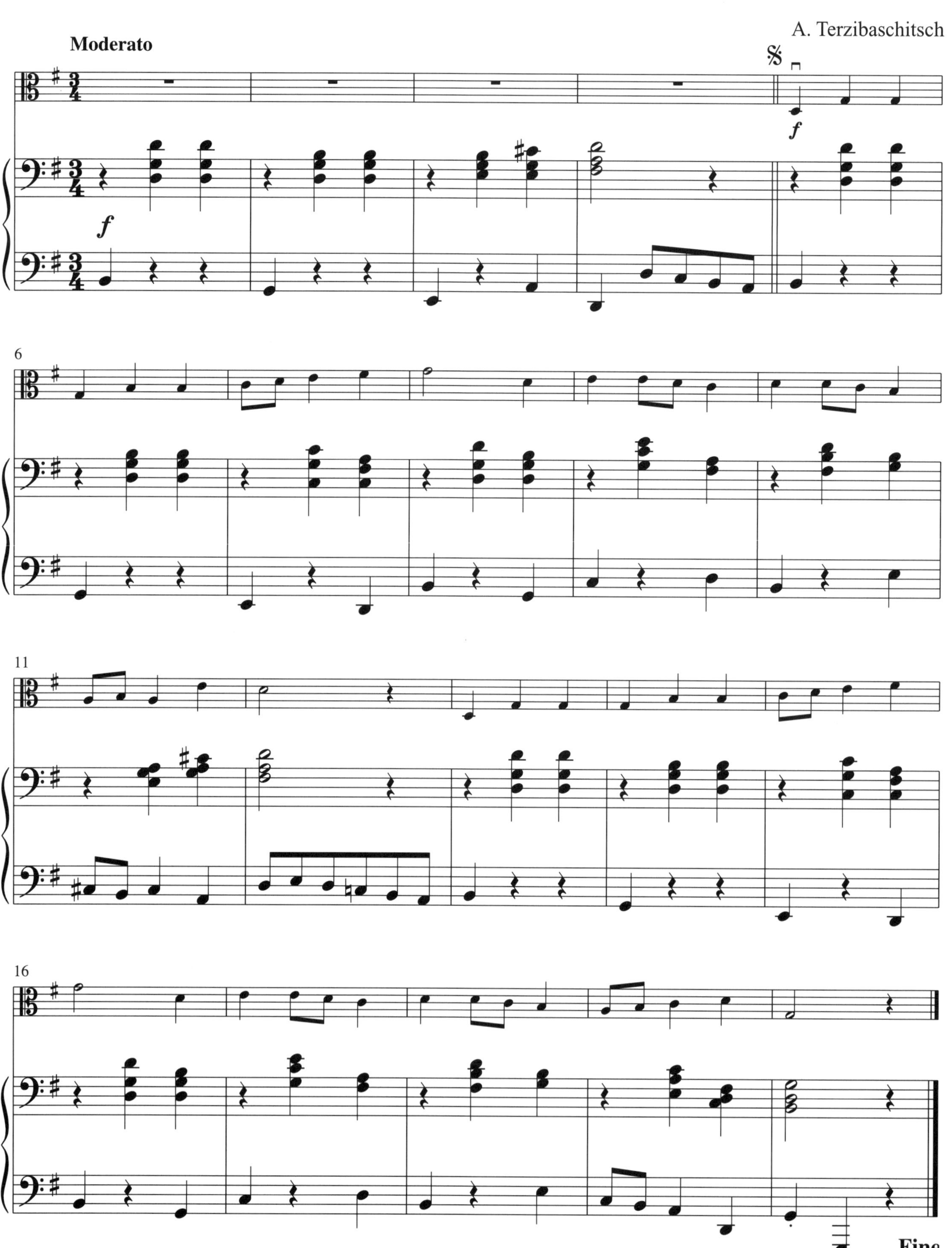

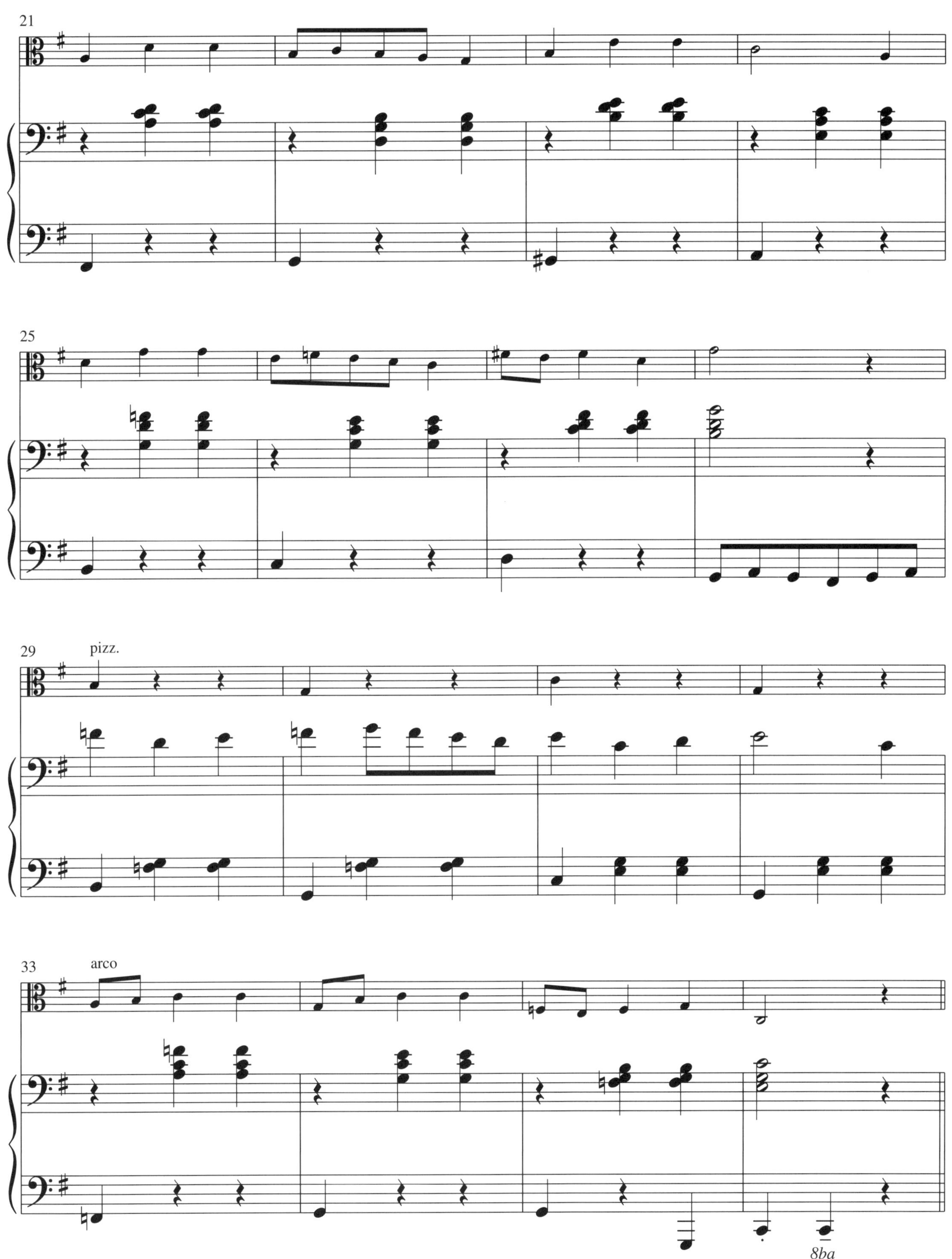

Dal Segno al Fine

Heimweh

A. Terzibaschitsch

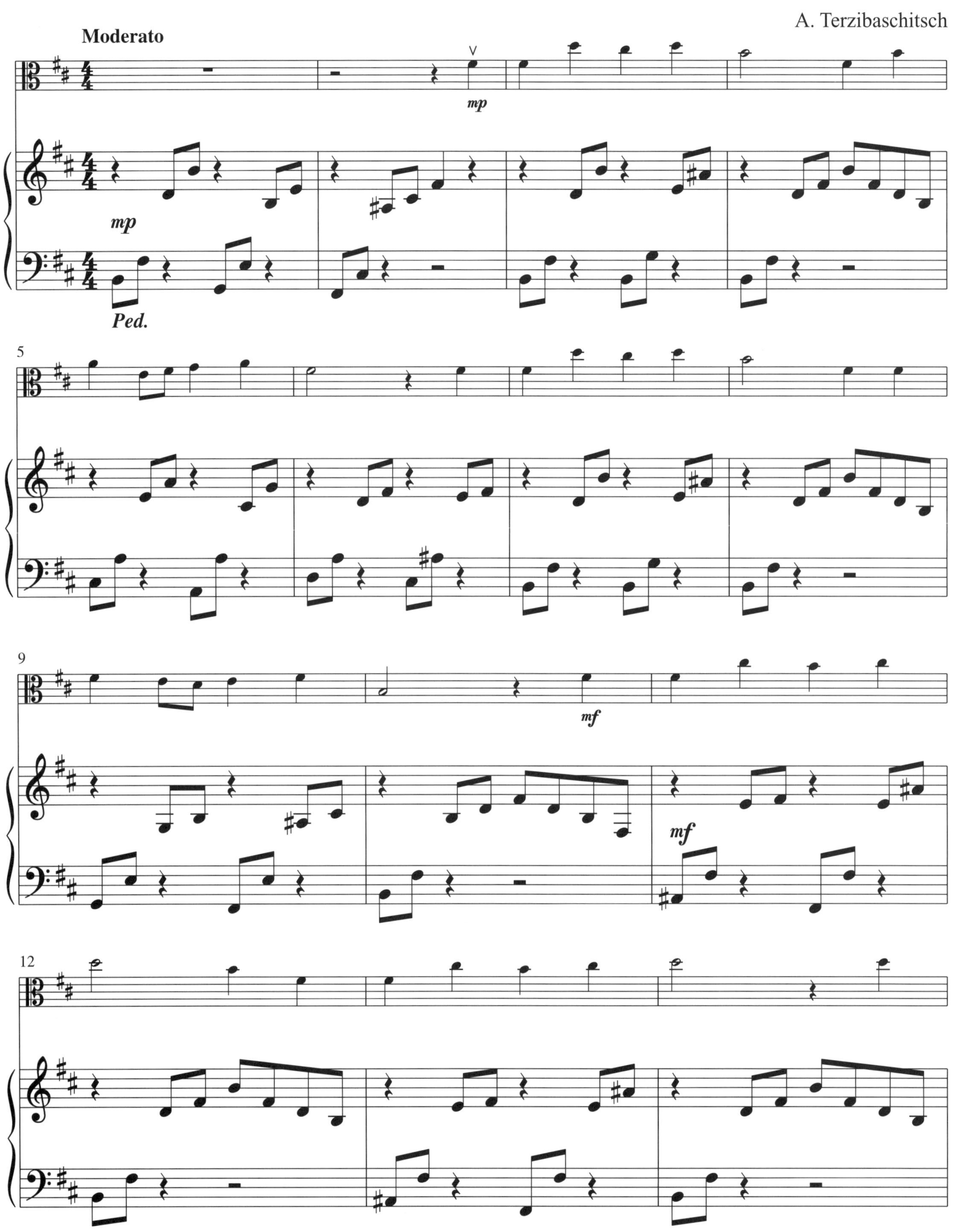

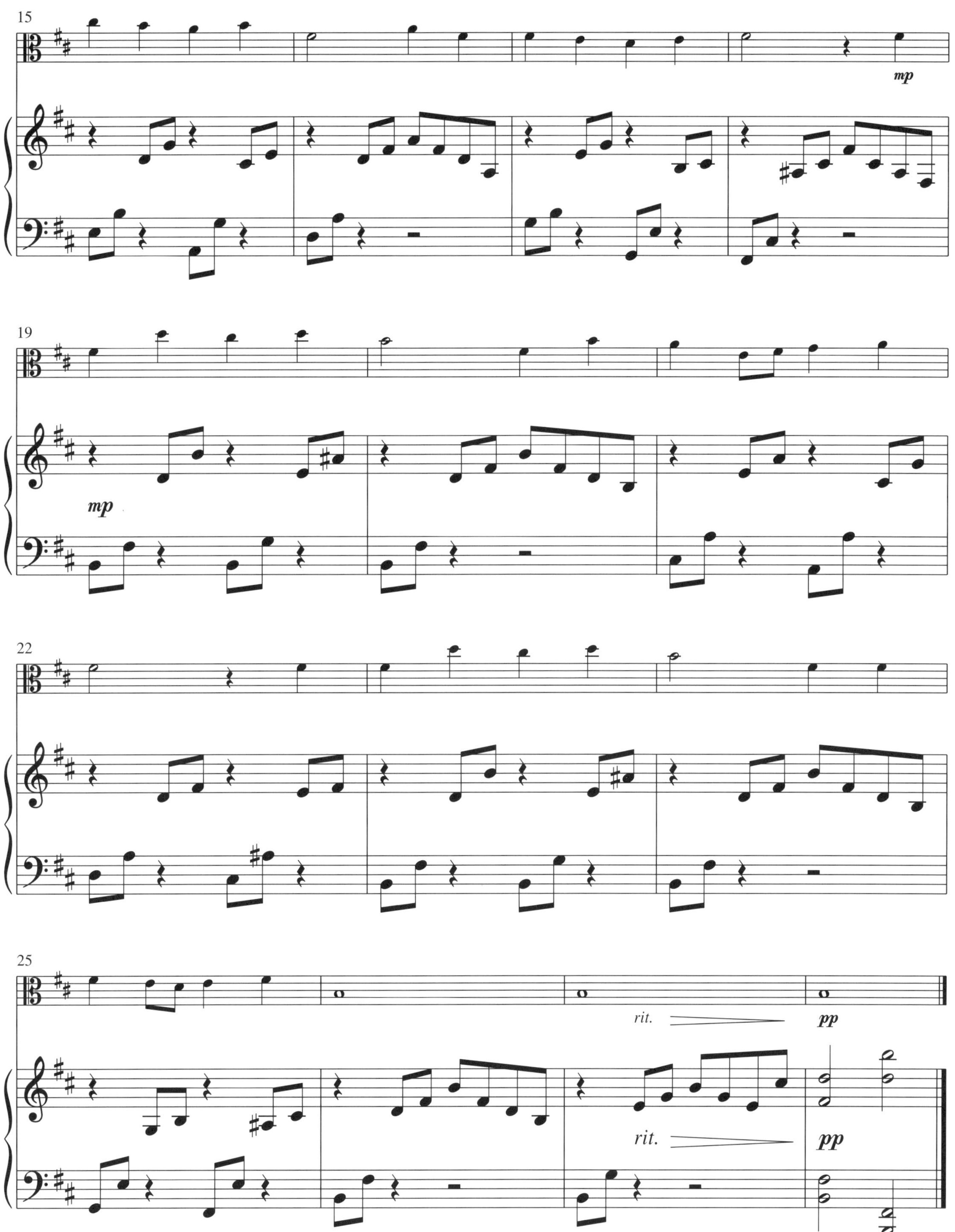
15
mp
19
mp
22
25
rit.
pp
rit.
pp

Allemande

A. Terzibaschitsch

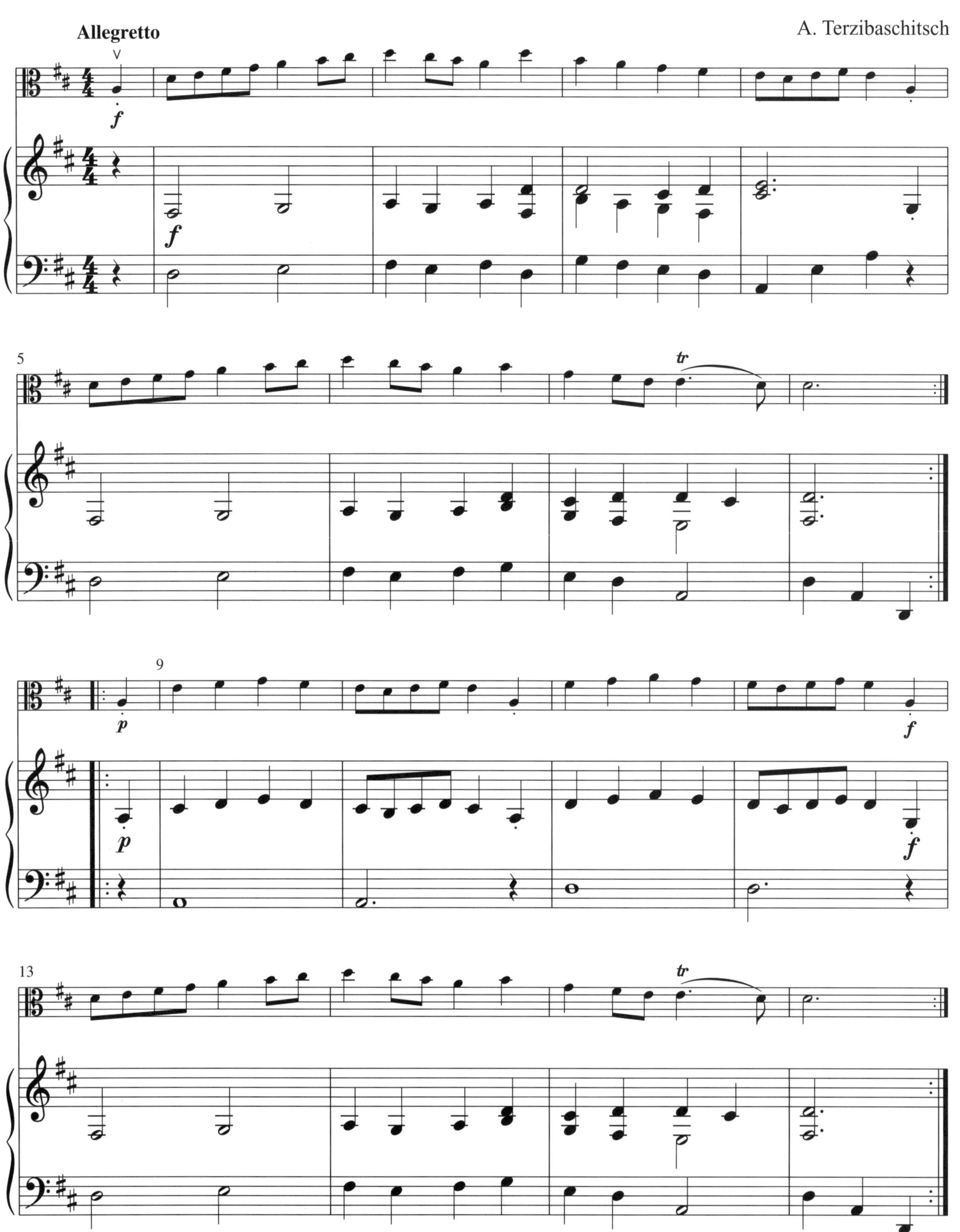

Tarantella

A. Terzibaschitsch

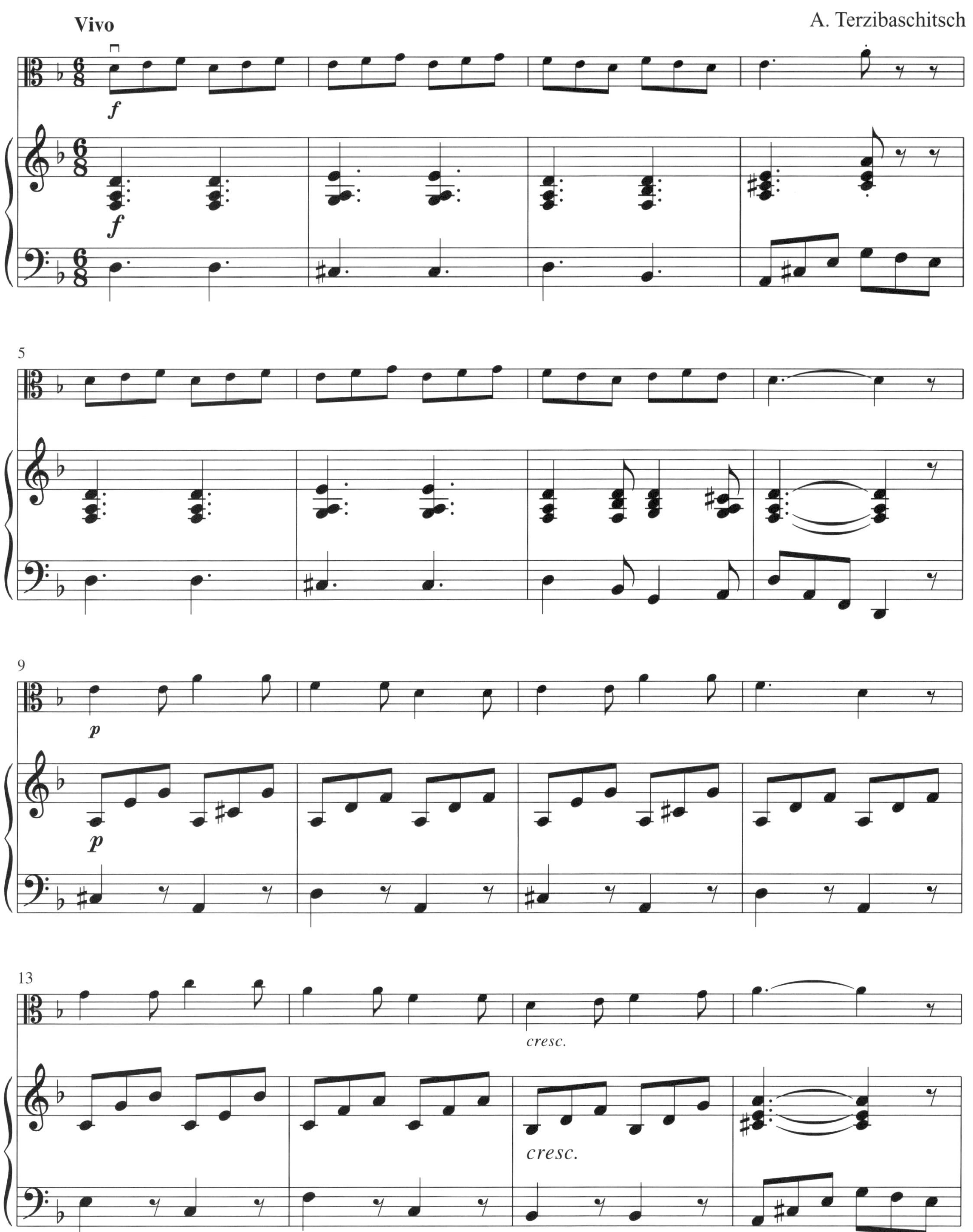

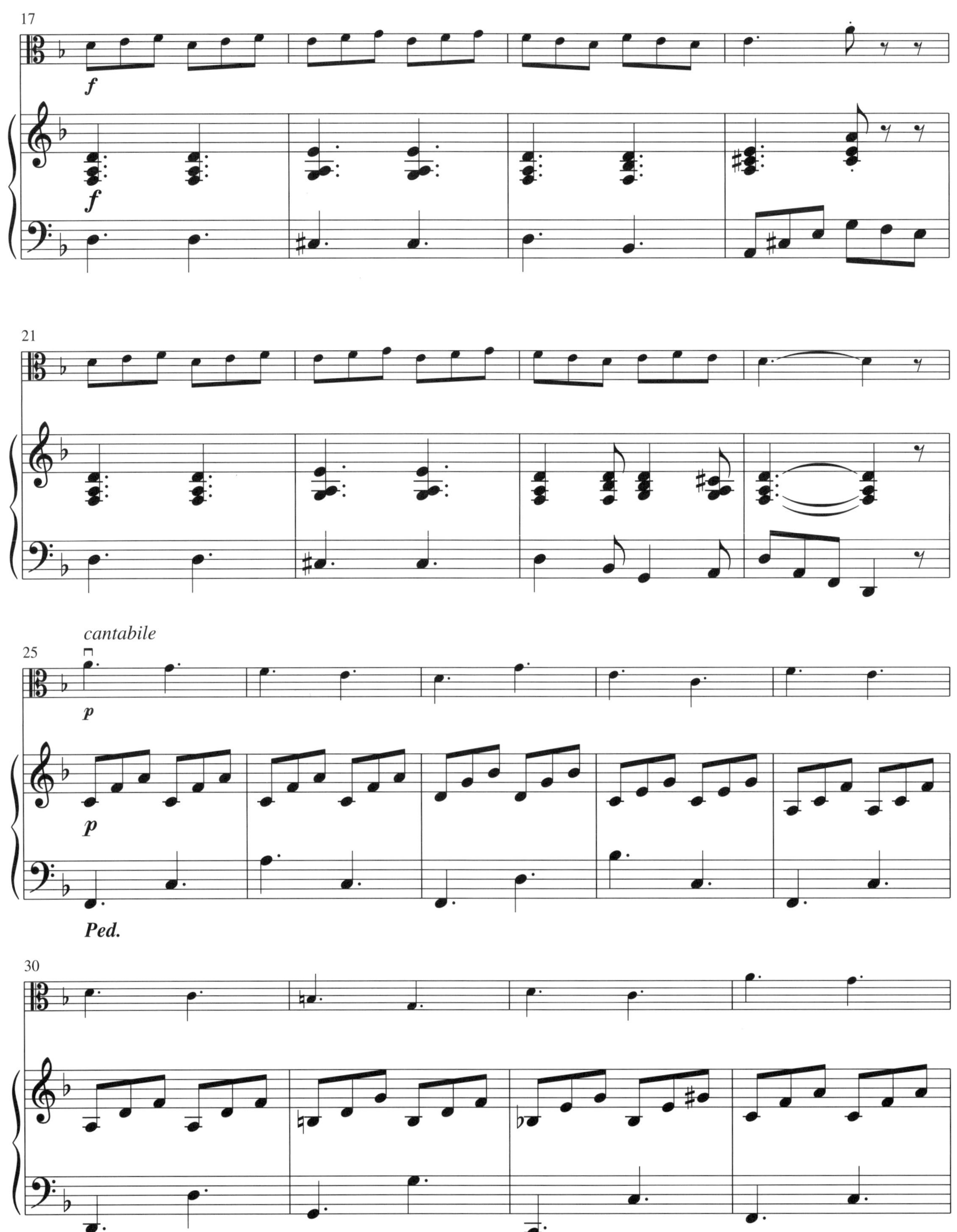
17
f
f
21
cantabile
25
p
p
Ped.
30

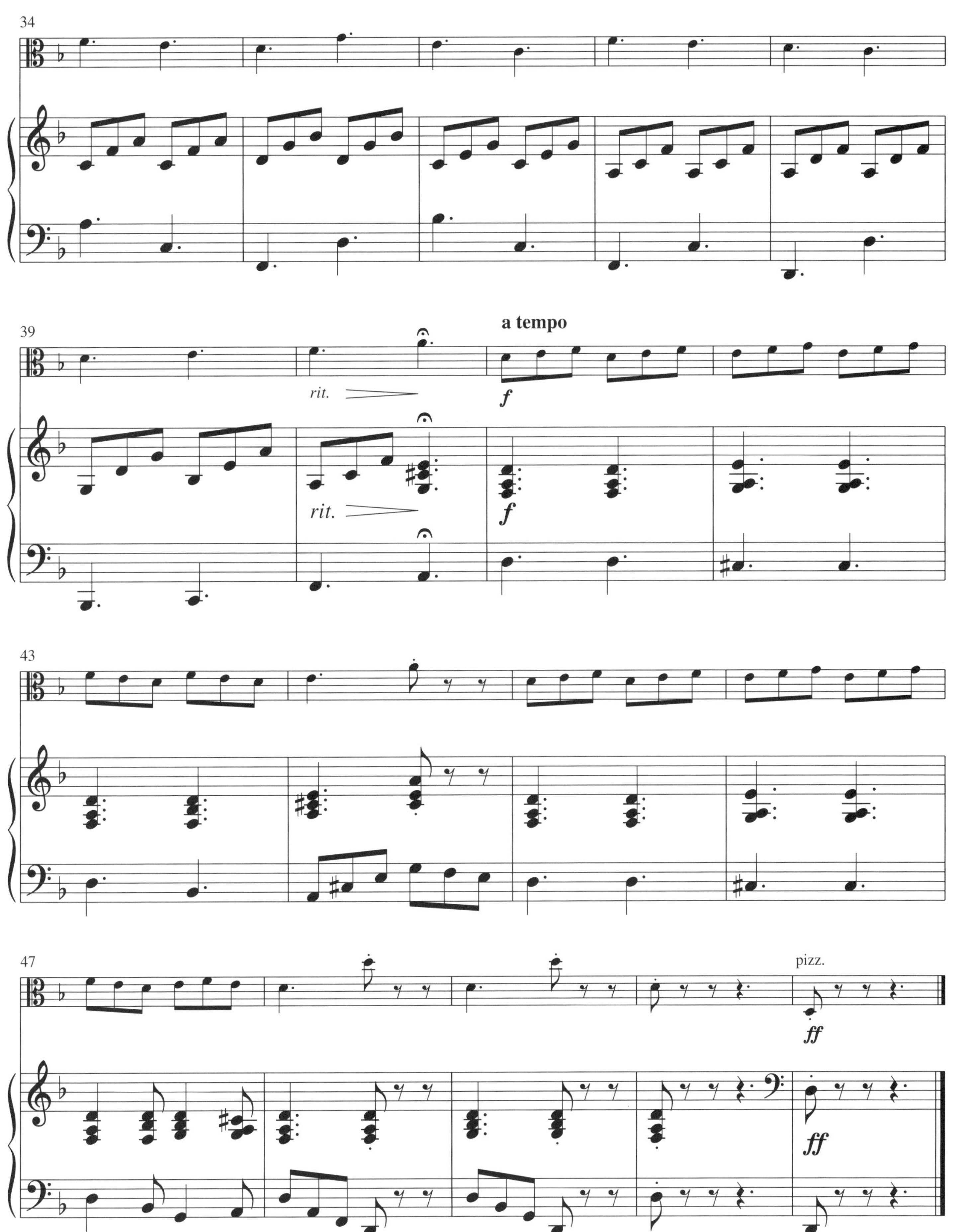
34
39
a tempo
rit.
f
rit.
f
43
47
pizz.
ff
ff

Schritte in der Nacht

A. Terzibaschitsch

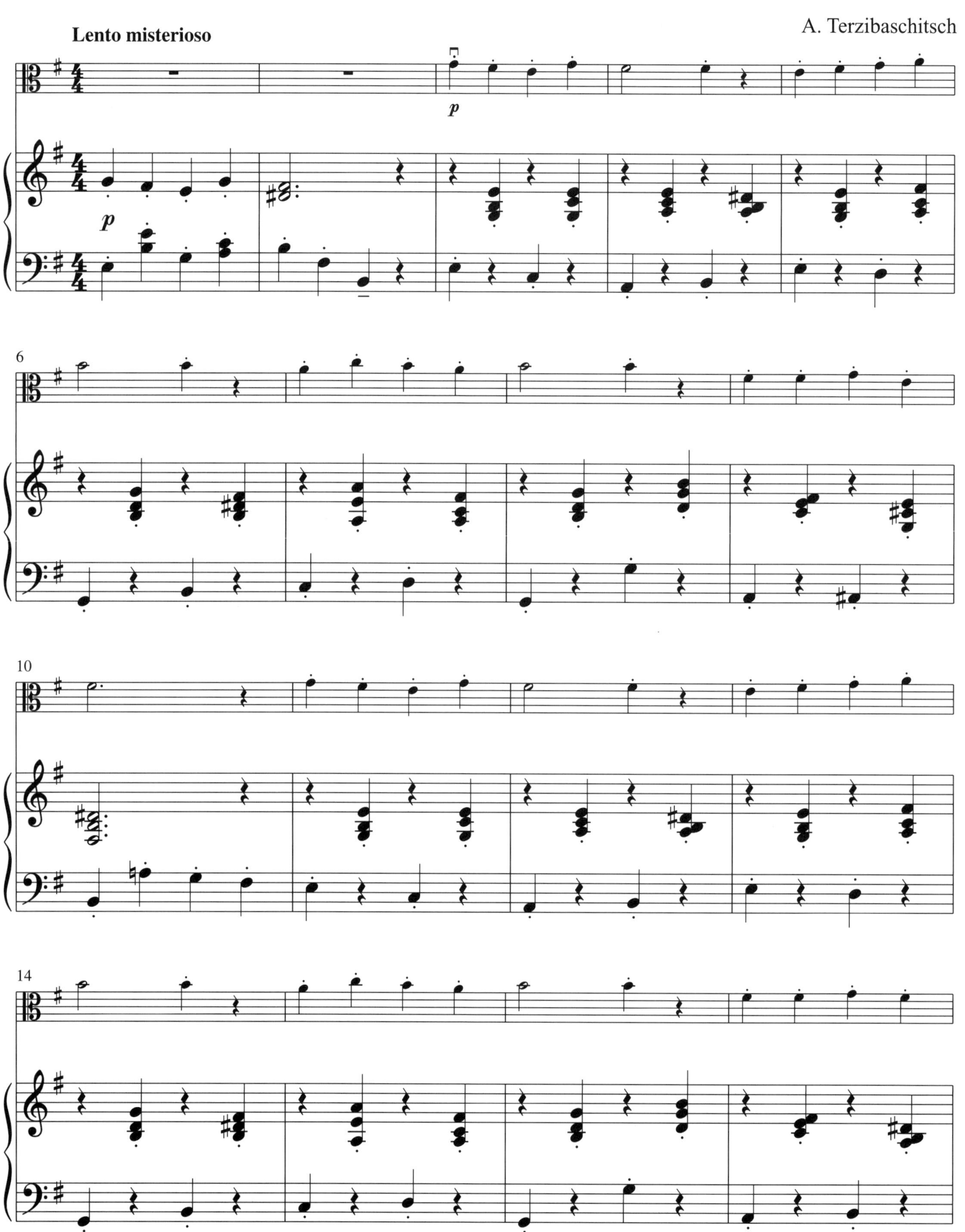

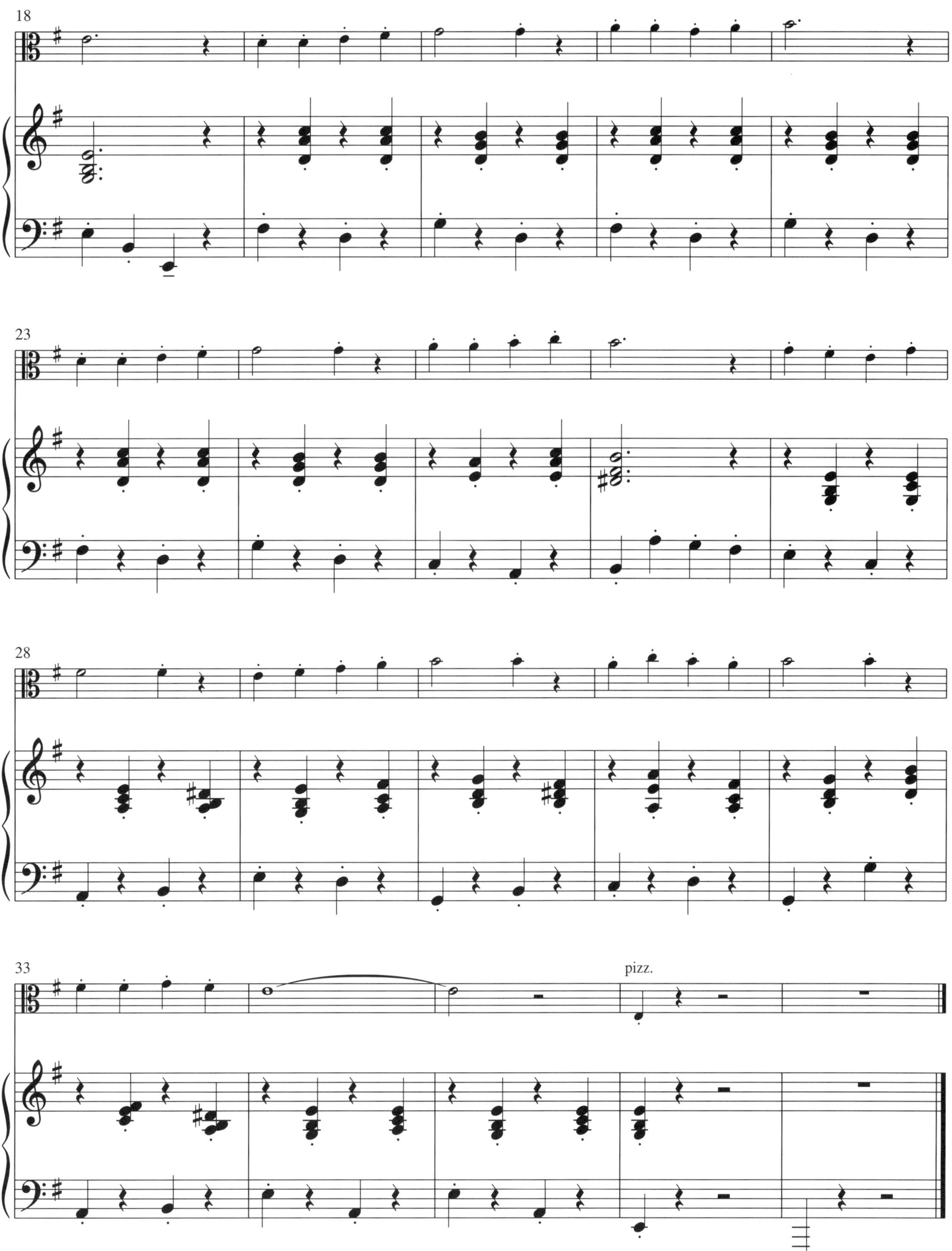
18
23
28
33
pizz.

Volkstanz

A. Terzibaschitsch

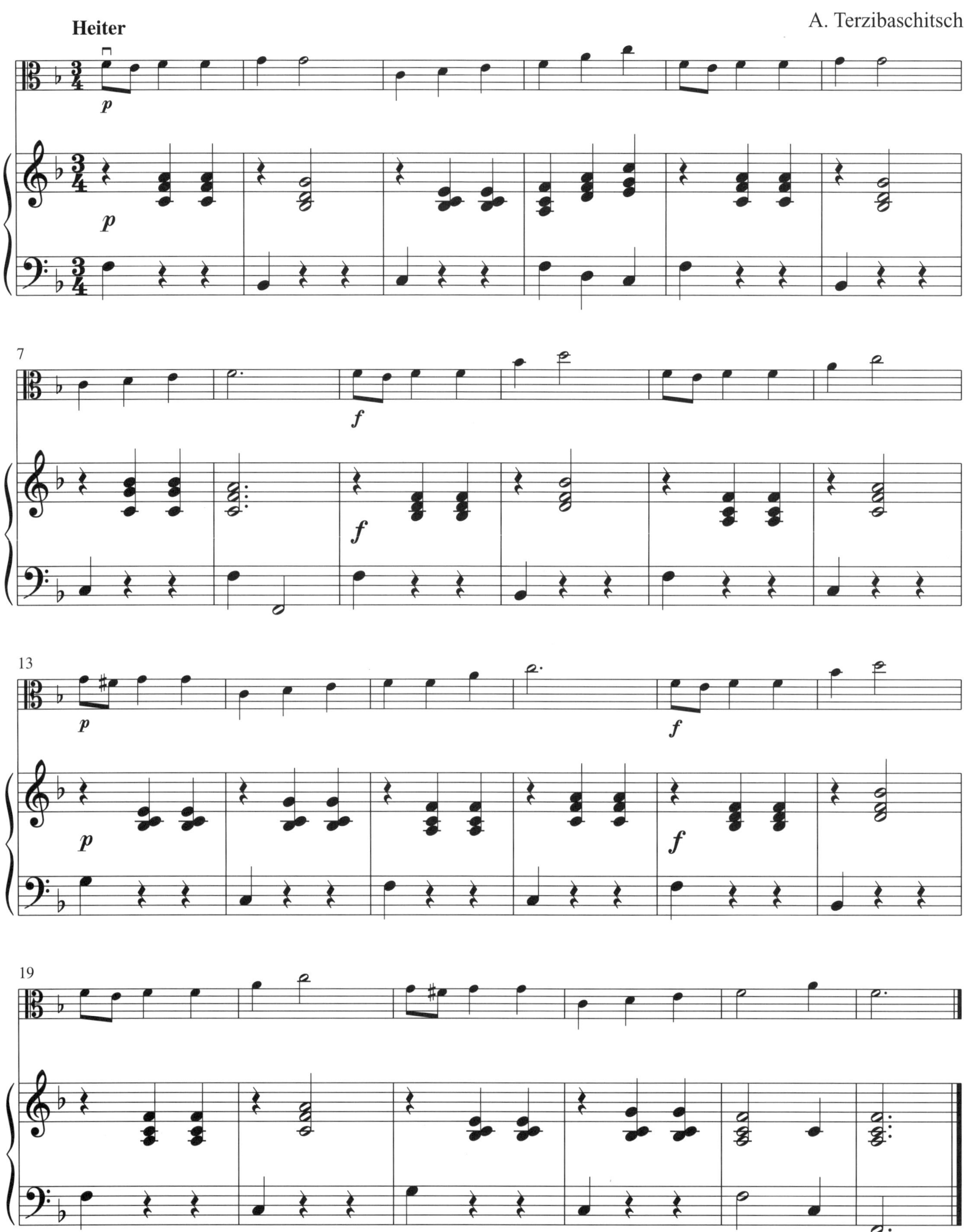

Gondellied

A. Terzibaschitsch

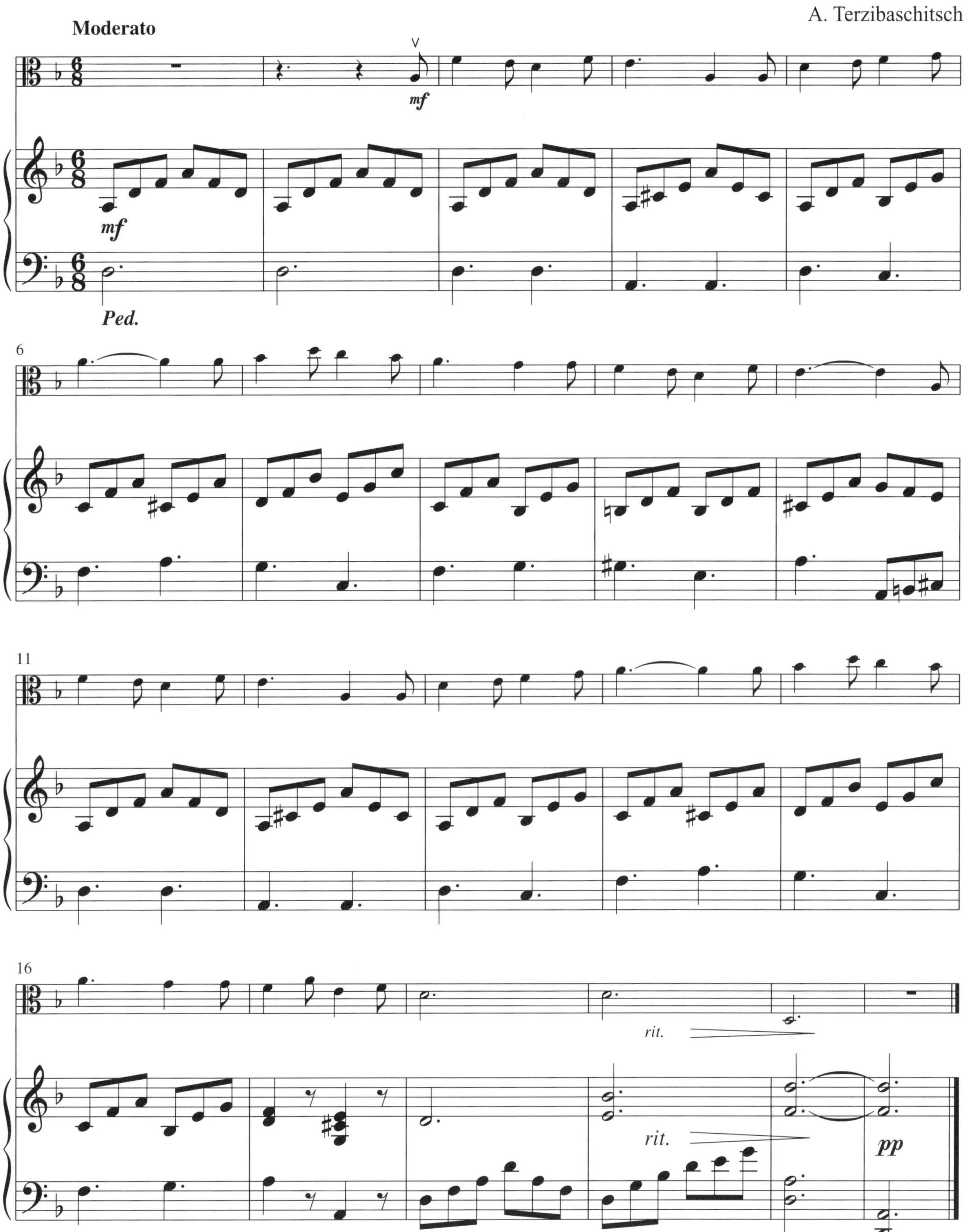

Sicilienne

A. Terzibaschitsch

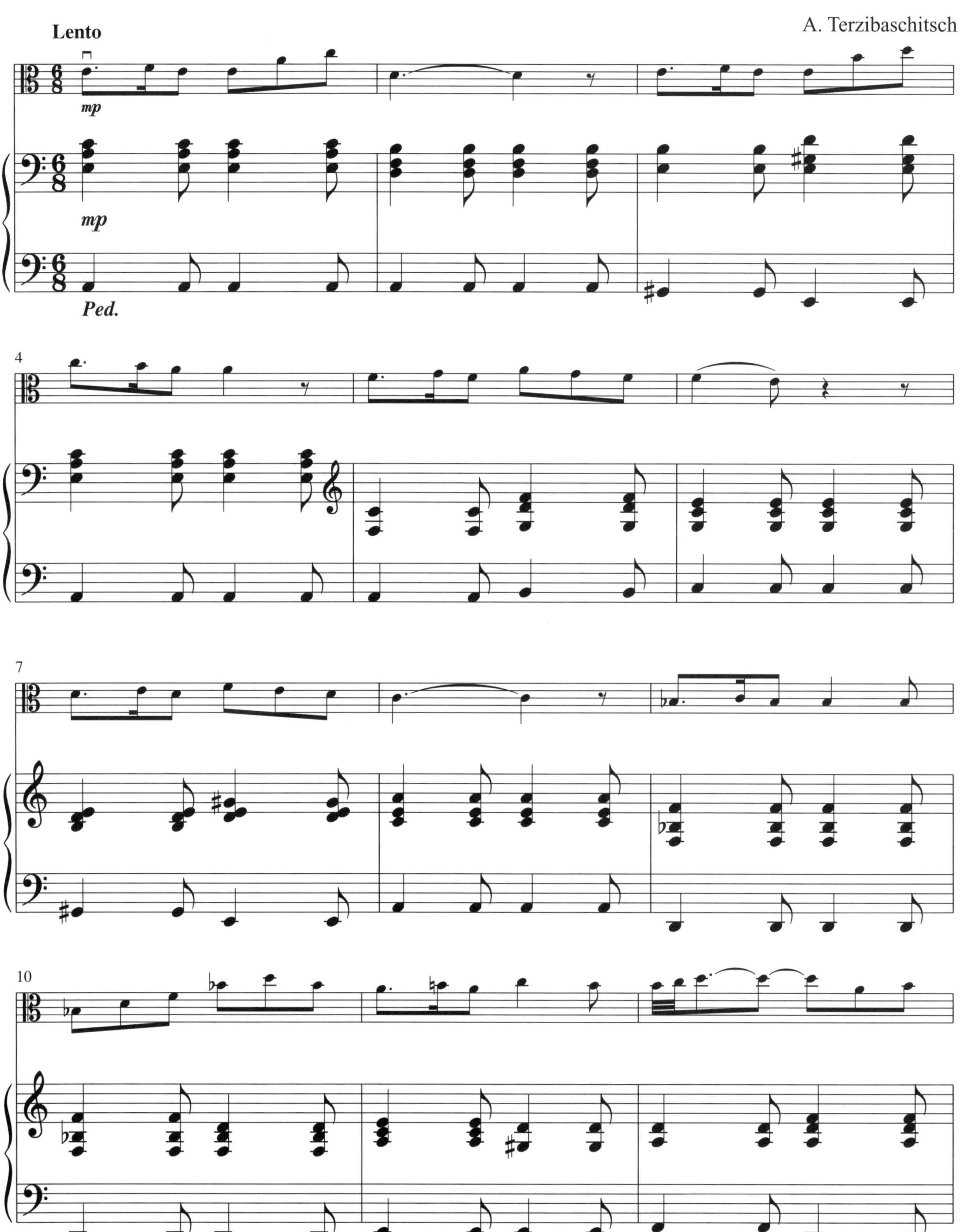

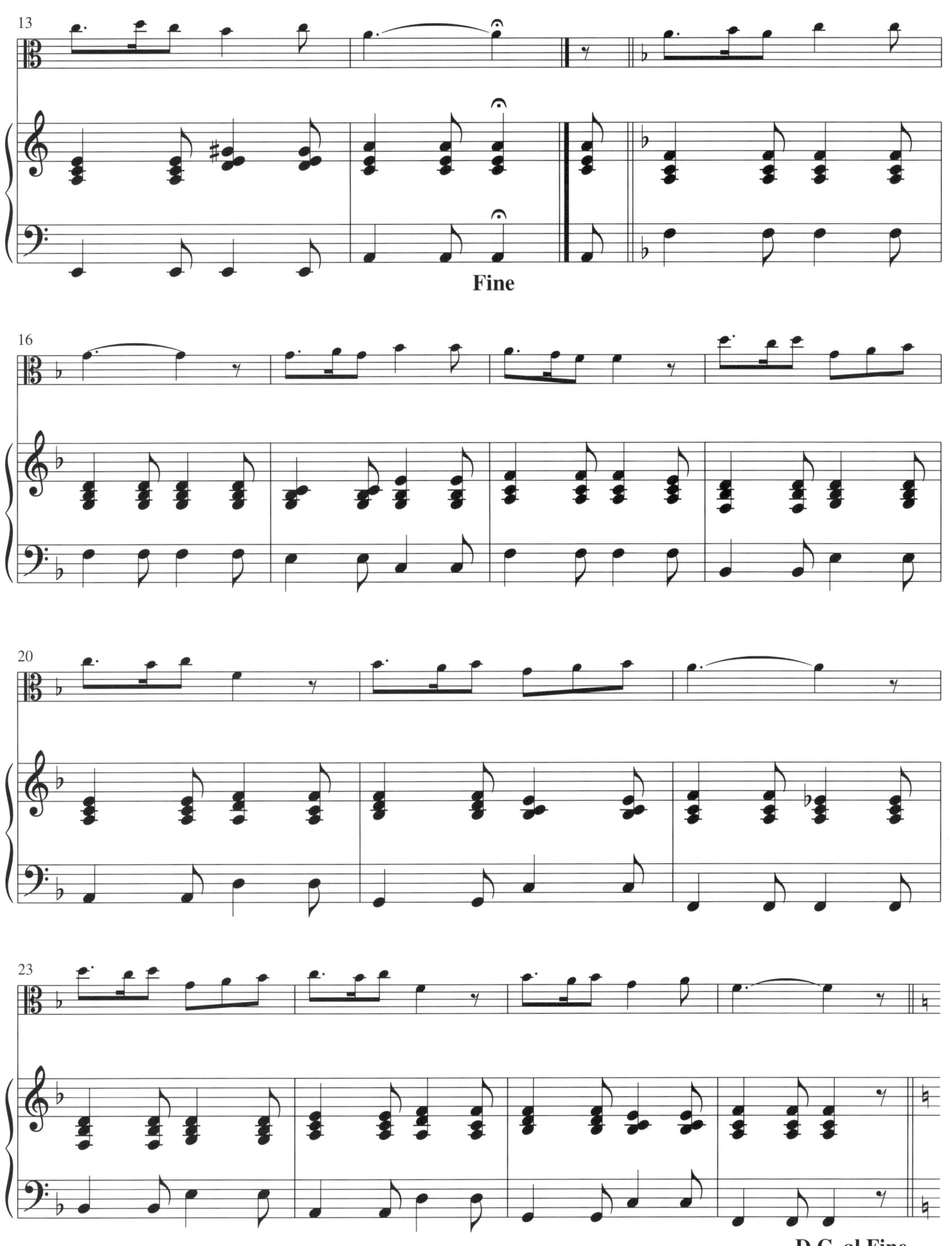
13
Fine
16
20
23
D.C. al Fine

Erinnerung

A. Terzibaschitsch

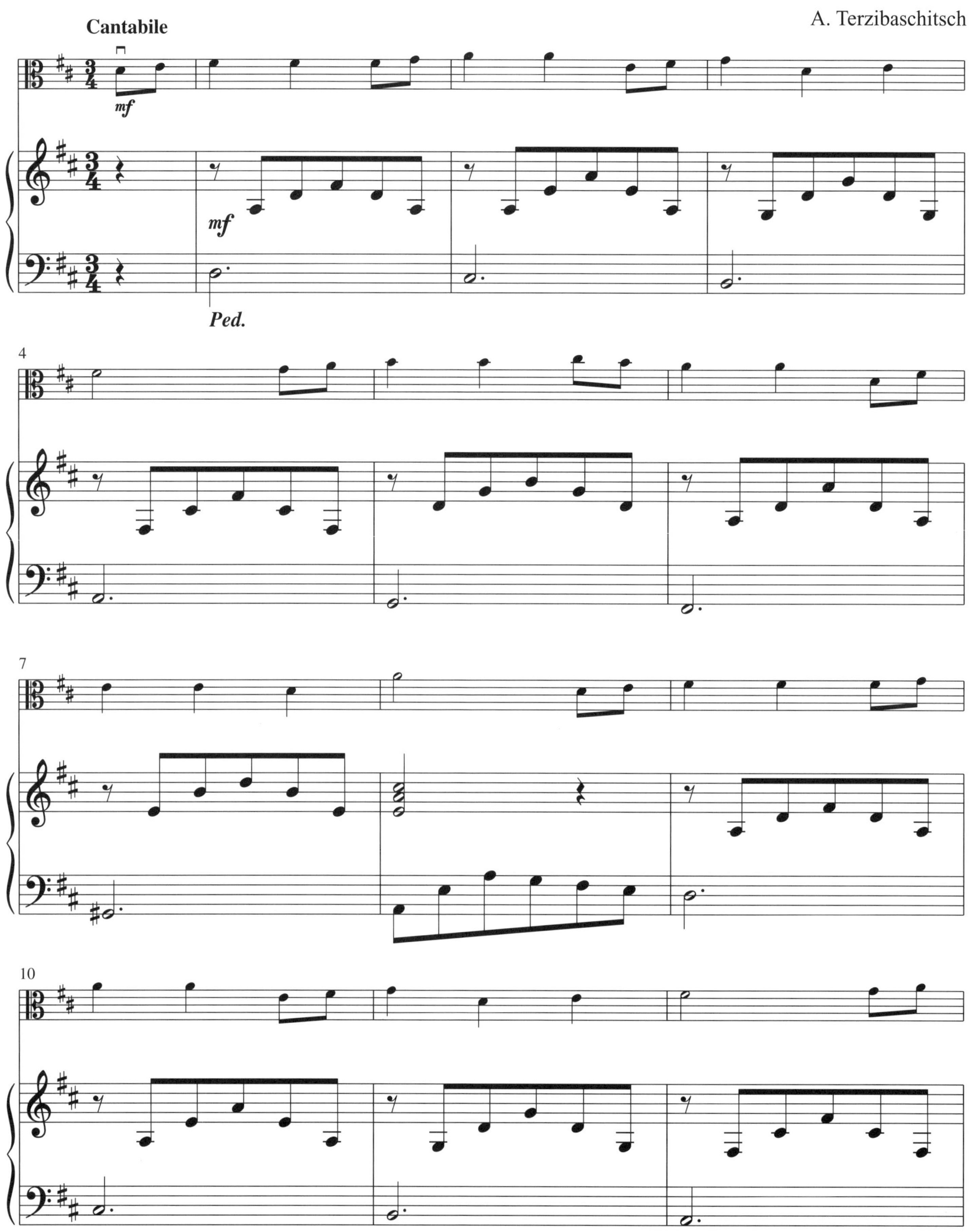

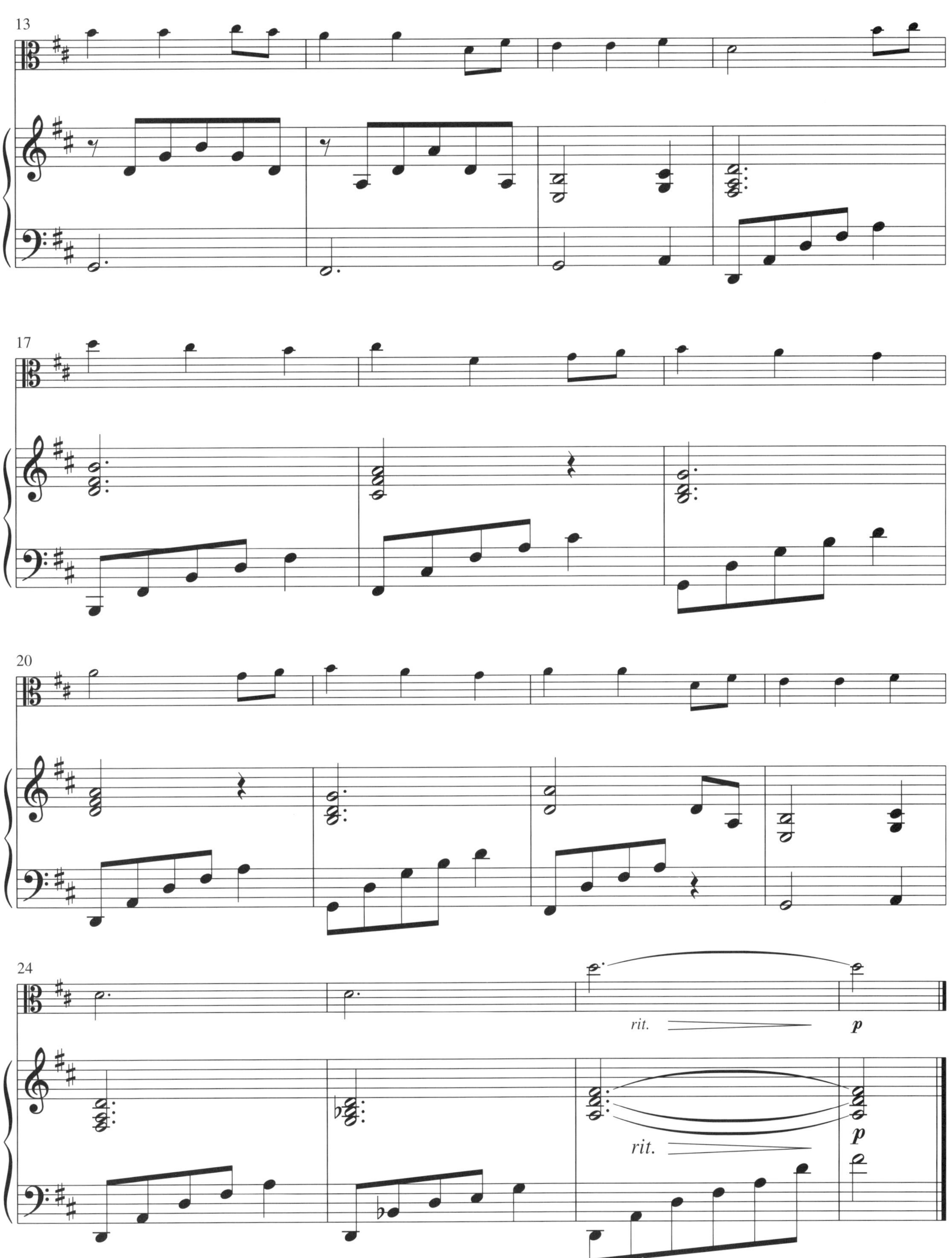
13
17
20
24
rit.
p
rit.
p

Tiny Rag

A. Terzibaschitsch

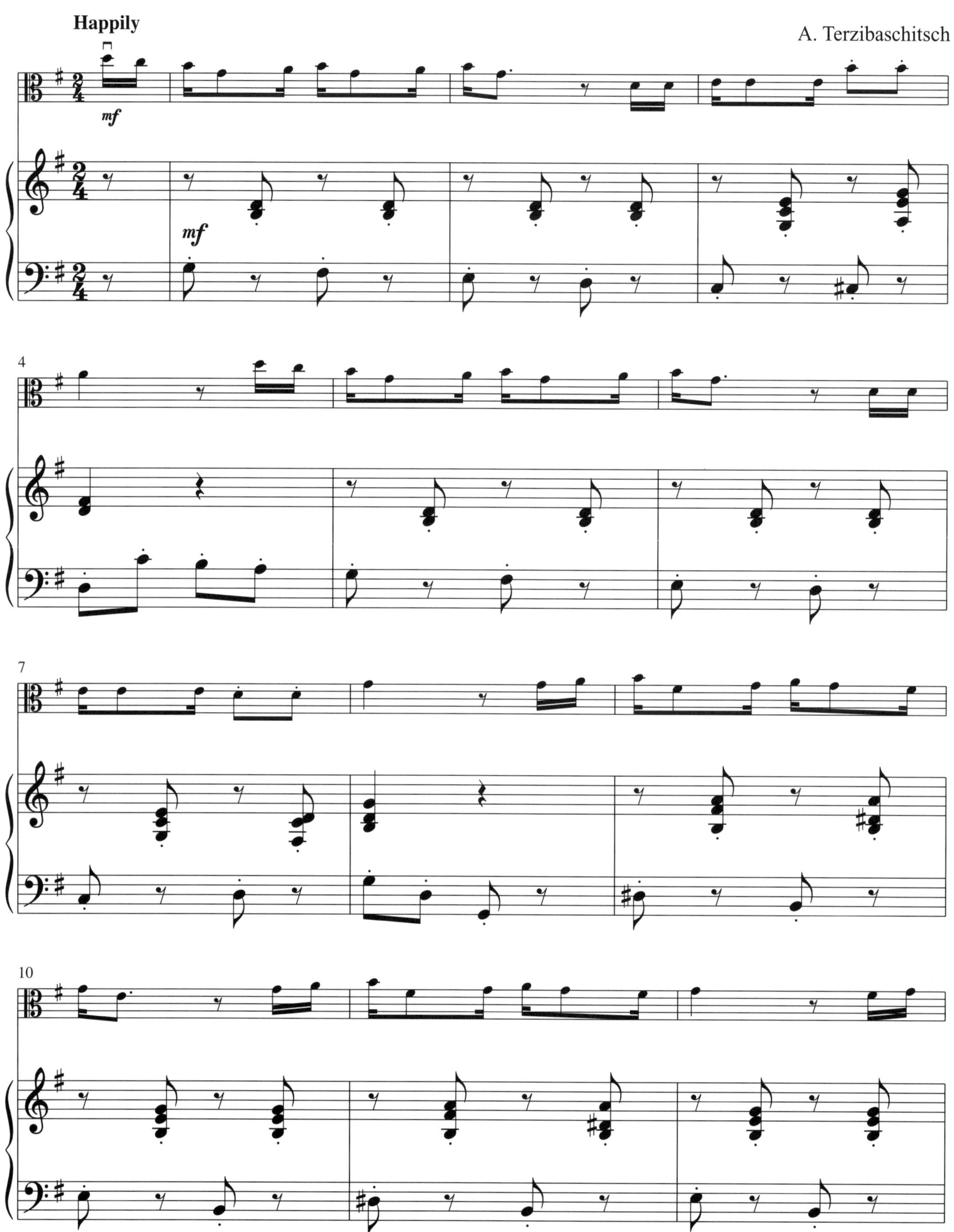

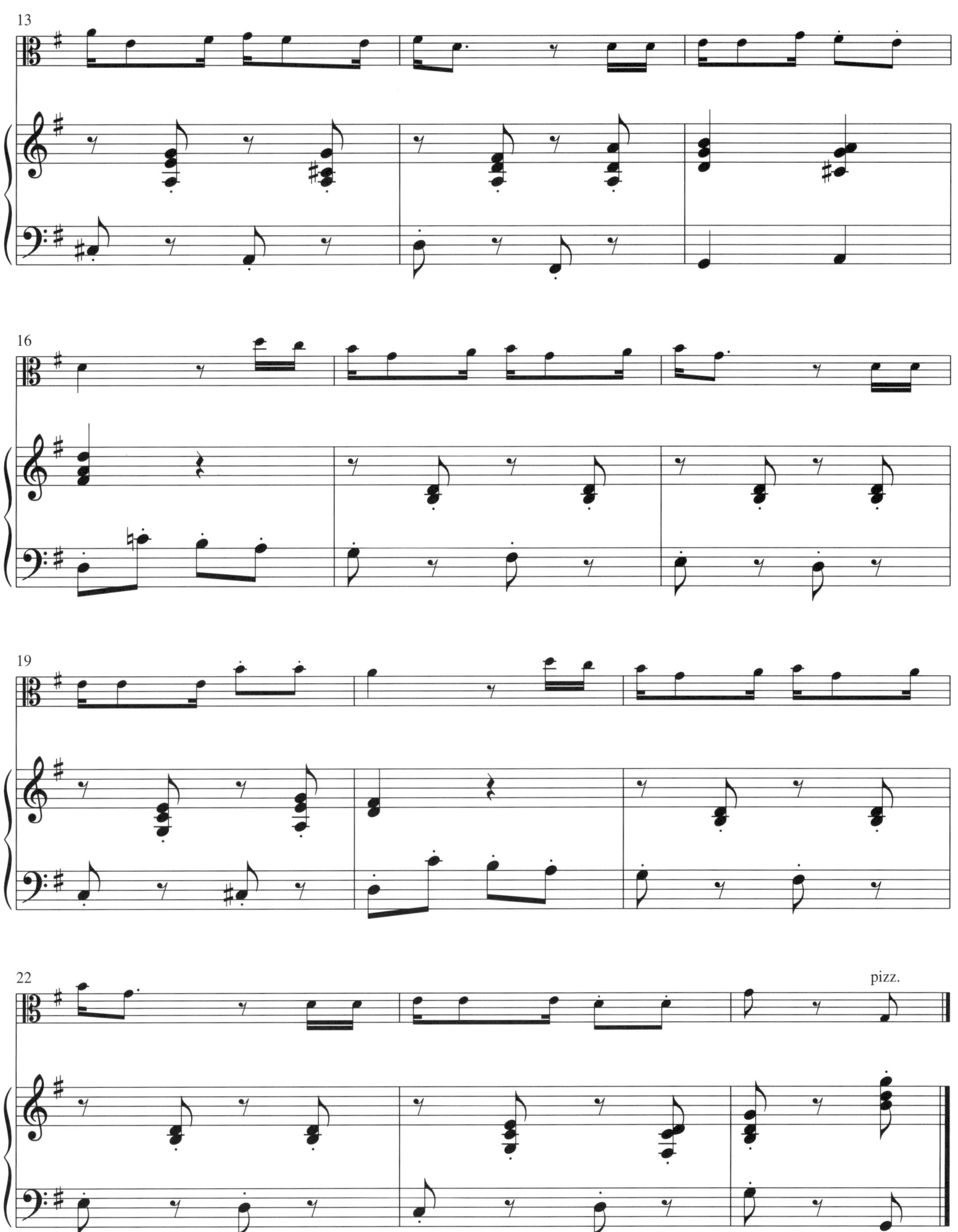
pizz.

ANHANG
Berceuse

op. 13

A. Ilynsky (1859–1920)
Bearb.: A. Terzibaschitsch

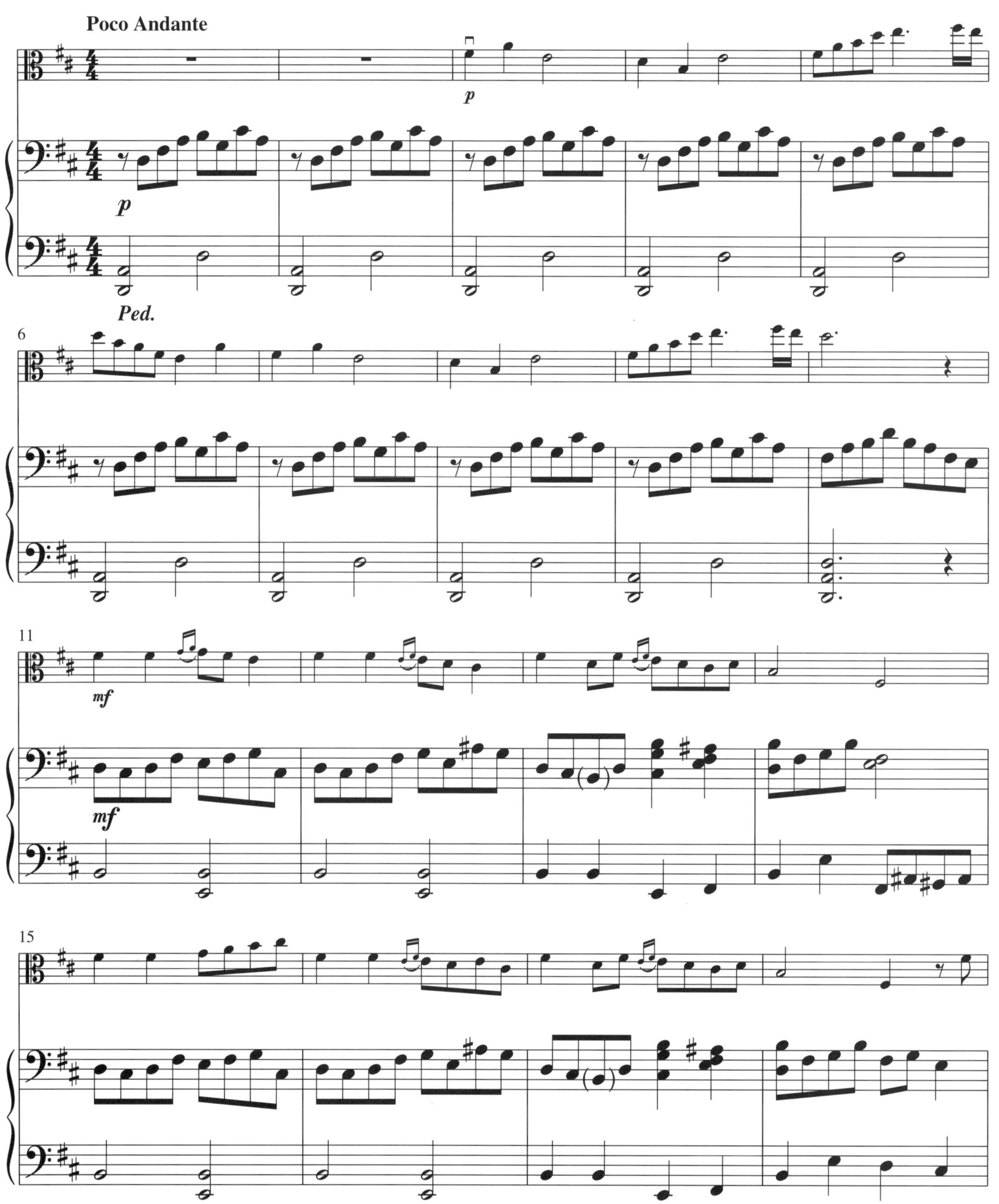

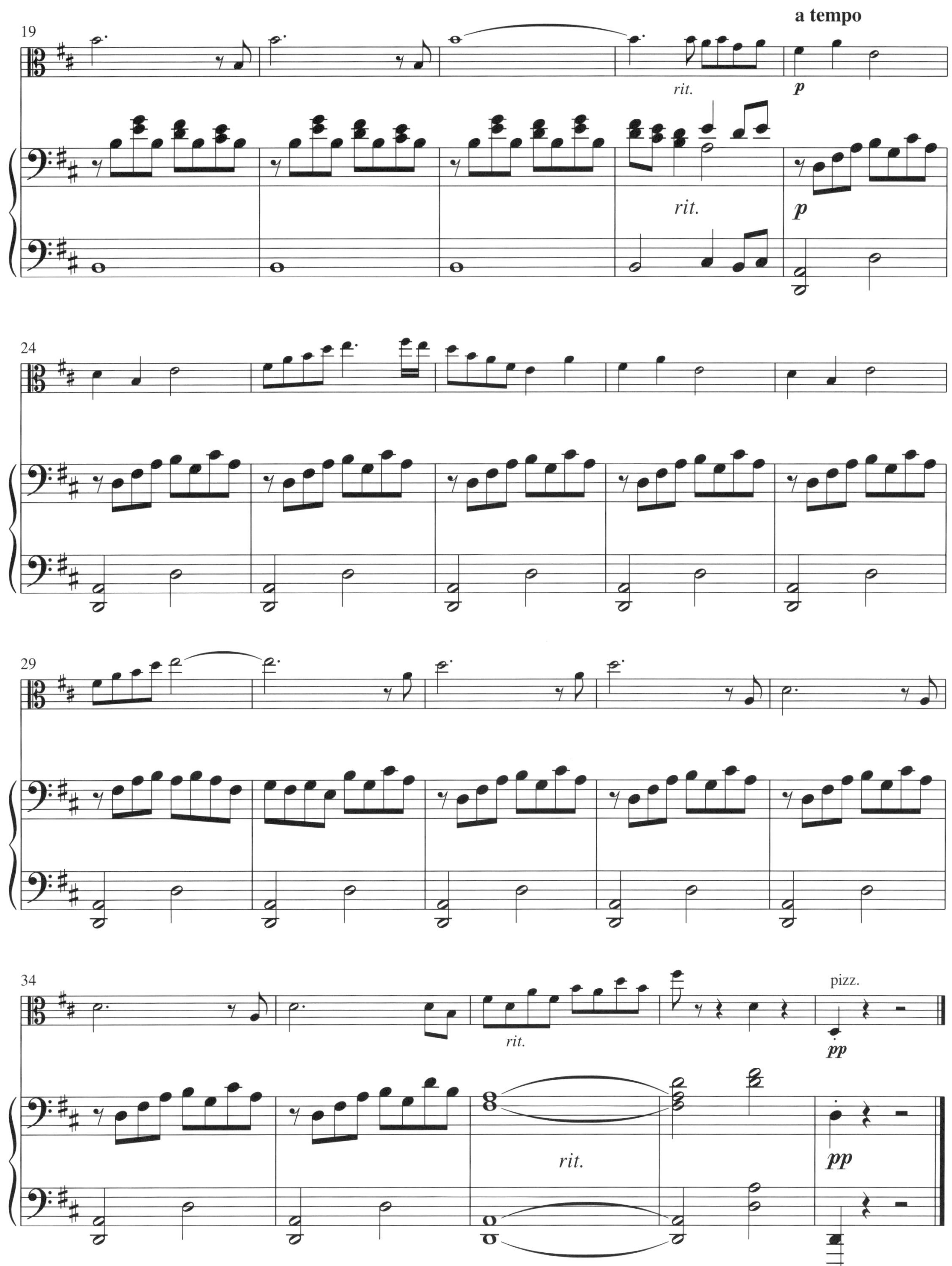
a tempo
19
rit.
p
rit.
p
24
29
34
rit.
pizz.
pp
rit.
pp

Anne Terzibaschitsch

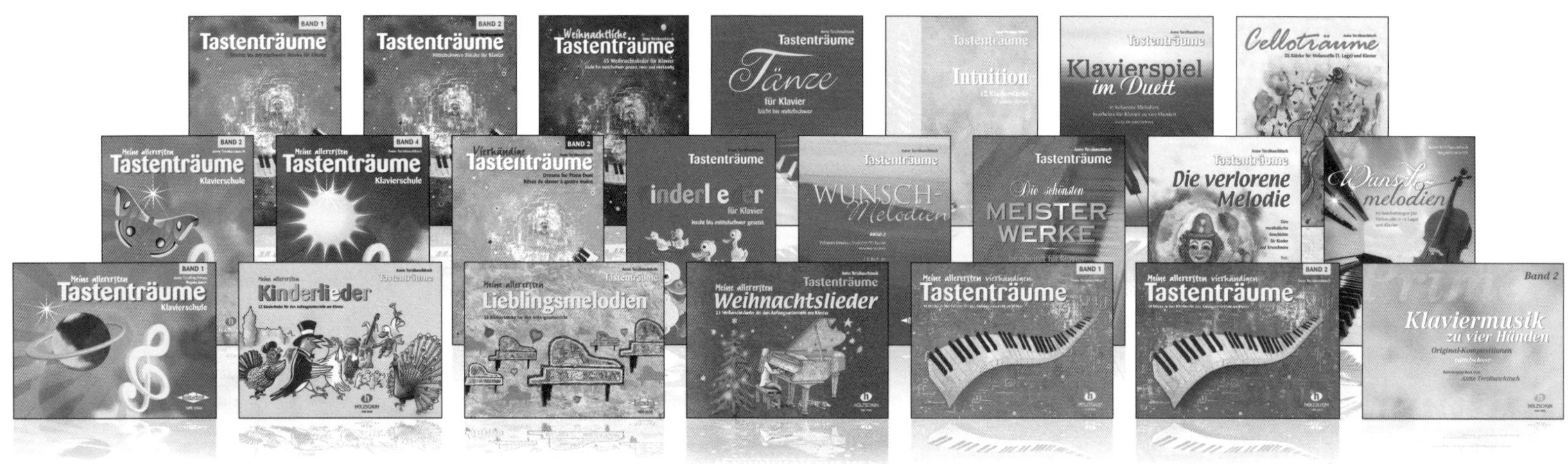

Meine allerersten Tastenträume
Klavierschule
Band 1, VHR 3400 / ISBN 978-3-920470-01-6
Band 2, VHR 3401 / ISBN 978-3-920470-23-8
Band 3, VHR 3402 / ISBN 978-3-920470-04-7
Band 4, VHR 3403 / ISBN 978-3-940069-60-3

Meine allerersten Weihnachtslieder
21 Weihnachtslieder im Fünftonraum für den Anfangsunterricht am Klavier
VHR 3540 / ISBN 978-3-920470-24-5

Meine allerersten Lieblingsmelodien
28 Melodien aus den Bereichen Klassik, Musical, Film und Fernsehen im Fünftonraum für den Anfangsunterricht am Klavier
VHR 3552 / ISBN 978-3-920470-98-6

Meine allerersten Kinderlieder
22 Kinderlieder im Fünftonraum für den Anfangsunterricht am Klavier
VHR 3543 / ISBN 978-3-920470-22-1

Klaviermusik zu vier Händen
Original-Kompositionen, herausgegeben von Anne Terzibaschitsch
Band 1, leicht bis mittelschwer
VHR 3549 / ISBN 978-3-920470-89-4
Band 2, mittelschwer
VHR 3550 / ISBN 978-3-920470-97-9
Band 3, mittelschwer bis schwer
VHR 3551 / ISBN 978-3-940069-69-6

Tastenträume
Band 1, leichte bis mittelschwere Stücke für Klavier
VHR 3500 / ISBN 978-3-920470-19-1
Band 2, mittelschwere Stücke für Klavier
VHR 3530 / ISBN 978-3-920470-20-7
Band 3, mittelschwere bis schwere Stücke für Klavier
VHR 3532 / ISBN 978-3-920470-21-4

Meine allerersten vierhändigen Tastenträume
19 Stücke zu vier Händen für den Anfangsunterricht am Klavier
Band 1, VHR 3559 / ISBN 978-3-86434-009-3
Band 2, VHR 3560 / ISBN 978-3-86434-010-9

Vierhändige Tastenträume
Band 1, Klavierstücke im Fünftonraum
VHR 3531 / ISBN 978-3-920470-25-2
Band 2, progressive Fortsetzung
VHR 3546 / ISBN 978-3-920470-40-5

Weihnachtliche Tastenträume
45 Weihnachtslieder für Klavier, leicht bis mittelschwer gesetzt, zwei- und vierhändig
VHR 3533 / ISBN 978-3-920470-05-4

Tänze für Klavier
leicht bis mittelschwer, zwei- und vierhändig
VHR 3535 / ISBN 978-3-920470-27-6

Etüden für Klavier
leicht bis mittelschwer
VHR 3539 / ISBN 978-3-920470-28-3

Klaviermusik für eine Hand allein
Kompositionen und Übungen unterschiedlicher Schwierigkeitsgrade für eine Hand allein
VHR 3544 / ISBN 978-3-920470-33-7

Klavierspiel im Duett
27 bekannte Melodien, bearbeitet für Klavier zu vier Händen, leicht bis mittelschwer
VHR 3554 / ISBN 978-3-940069-68-9

Klassik & Pop
Eine Sammlung populärer Melodien und klassischer Themen, bearbeitet für Klavier
Band 1, leicht bis mittelschwer
VHR 3536 / ISBN 978-3-920470-31-3
Band 2, mittelschwer bis schwer
VHR 3537 / ISBN 978-3-920470-32-0

Inspiration
12 romantische Klavierkompositionen, mittelschwer. Alle Stücke sind auf der beiliegenden CD eingespielt.
VHR 3555 / ISBN 978-3-940069-70-2

Imagination
12 romantische Klavierkompositionen, mittelschwer. Alle Stücke sind auf der beiliegenden CD eingespielt.
VHR 3556 / ISBN 978-3-940069-91-7

Intuition
12 romantische Klavierkompositionen, mittelschwer. Alle Stücke sind auf der beiliegenden CD eingespielt.
VHR 3557 / ISBN 978-3-940069-98-6

Wunschmelodien
Melodien der klassischen und populären Musik, bearbeitet für Klavier
Band 1, leicht bis mittelschwer
VHR 3541 / ISBN 978-3-920470-29-0
Band 2, mittelschwer bis schwer
VHR 3542 / ISBN 978-3-920470-30-6

Die schönsten Meisterwerke
Melodien der klassischen und populären Musik, bearbeitet für Klavier
Band 1, leicht bis mittelschwer
VHR 3547 / ISBN 978-3-920470-65-8
Band 2, mittelschwer bis schwer
VHR 3548 / ISBN 978-3-920470-66-5

Kinderlieder für Klavier
leicht bis mittelschwer gesetzt, zwei- und vierhändig
VHR 3534 / ISBN 978-3-920470-26-9

Die schönsten Volkslieder
68 deutsche Volkslieder, bearbeitet für Klavier
VHR 3553 / ISBN 978-3-940069-59-7

Geschichten von Jascha und Marie
30 Klavierstücke, leicht bis mittelschwer
VHR 3558 / ISBN 978-3-86434-005-5

Die verlorene Melodie
Eine musikalische Geschichte für Kinder und Erwachsene, leicht bis mittelschwer
VHR 3538 / ISBN 978-3-920470-38-2

Durch die Dunkelheit zum Licht
Fünf Klavierstücke. Der Ausgabe liegt eine CD mit einer Einspielung von Frau Terzibaschitsch bei.
VHR 2002 / ISBN 978-3-920470-34-4

Unterm Weihnachtsbaum
Weihnachtsfantasie, 18 Weihnachtslieder in Folge mit besinnlichen Texten und eingelegter Singstimme
VHR 3545 / ISBN 978-3-920470-02-3

Violaträume
25 Stücke für Viola und Klavier
VHR 3428 / ISBN 978-3-86434-025-3

Celloträume
25 Stücke für Violoncello (1. Lage) und Klavier
VHR 3420 / ISBN 978-3-920470-37-5

Wunschmelodien
40 Bearbeitungen für Violoncello (1.– 4. Lage) und Klavier
Violoncello, VHR 3425 / ISBN 978-3-86434-011-6
Klavier, VHR 3426 / ISBN 978-3-86434-012-3
Ausgaben für Violoncello und Klavier im Set
VHR 3427 / ISBN 978-3-86434-018-5

Kinderlieder
32 Kinderlieder (mit 2. Stimme ad lib.)
für Violoncello (1. Lage) und Klavier
VHR 3431 / ISBN 978-3-920470-08-5
für Violine (1. Lage) und Klavier
VHR 3432 / ISBN 978-3-920470-09-2
für Querflöte und Klavier
VHR 3433 / ISBN 978-3-920470-10-8
für Sopranblockflöte und Klavier
VHR 3434 / ISBN 978-3-920470-11-5

Weihnachtliches Musizieren
30 Weihnachtslieder (mit 2. Stimme ad lib.)
für Violoncello (1. Lage) und Klavier
VHR 3421 / ISBN 978-3-920470-35-1
für Violine (1. Lage) und Klavier
VHR 3422 / ISBN 978-3-920470-36-8
für Querflöte und Klavier
VHR 3423 / ISBN 978-3-920470-03-0
für Sopranblockflöte und Klavier
VHR 3424 / ISBN 978-3-920470-39-9